168 trucos de **Feng Shui**
para dar energía a tu vida

168 trucos de Feng Shui
para dar energía a tu vida

Lillian Too

integral

Publicado originalmente por Cico Books Ltd, Londres

Título original: Lillian Too's 168 Feng Shui Ways to Energize your Life
© Cico Books, 2007
© del texto, Lillian Too, 2007
© de la traducción, Cristina Puya
© de esta edición, 2008, RBA Libros, S.A.
  Pérez Galdós, 36 – 08012 Barcelona
  www.rbalibros.com / rba-libros@rba.es

Segunda edición: enero 2009

Ref. OAGO164
ISBN-13: 9788479014933

Diseño de cubierta: La Page Original
Diseño: Jerry Goldie
Ilustradores: Stephen Dew y Anthony Duke
Composición: Anglofort, S.A.
Editor: Robin Gurdon

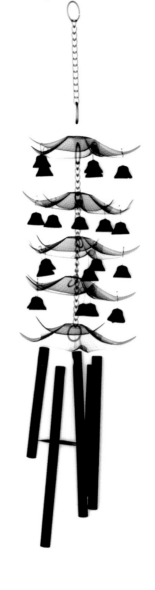

Índice

CAPÍTULO CUATRO
Avivad vuestro poder espiritual interior

CAPÍTULO CINCO
Cread un carisma personal fuerte
Consejo

INTRODUCCIÓN

La energía es el regalo más precioso que nos ofrece el Universo. Desde que comenzó la existencia humana dentro de la convulsión de los grandes océanos, la chispa que nos proporciona la vida es la energía que se encuentra en nuestro interior. La esencia de nuestro ser emana de nuestra propia fuente de energía, que nos permite sentir placer en nuestras relaciones –tanto al proporcionarlo como al recibirlo– y es lo que hace que disfrutemos con nuestro trabajo y nuestras ambiciones. Es la fuente de la cual obtenemos nuestra fuerza espiritual, mejoramos nuestro aspecto físico y hacemos realidad nuestros objetivos y deseos, beneficiando en este proceso tanto a los demás como a nosotros mismos.

Cuando somos conscientes de nuestra energía y sabemos alimentarla y avivarla, la vida tiene sentido.

Cuando captamos su gran potencial comenzamos a sentir nuestras auras invisibles. Las auras humanas contienen los ejes de la energía, cuyo resplandor refleja directamente nuestro bienestar interior. Se manifiestan en forma de colores, invisibles para nosotros, pero que se han podido captar con cámaras fotográficas especiales. Cuando el aura es débil, el nivel de energía de la persona también lo es, y cuando el aura es potente, simplemente es inconfundible. En esos casos, el aura brilla hermosa y radiante alrededor de las personas.

Dejad que el aura vibre

Cuando el aura es vigorosa a nuestro alrededor, nuestra casa vibrará con nuestra energía personal. Los hogares son el reflejo de los seres humanos que viven en ellos, y de manera especial de los habitantes cuyas auras irradian su vibrante imagen pública. De este modo, las auras de los hogares son potentes y fuertes cuando sus habitantes tienen energía, pero débiles cuando sus inquilinos están aletargados y deprimidos. Si nuestra aura vibra con felicidad y seguridad, nuestros hogares desprenderán la misma energía, lo cual es fuente de buena suerte y fortuna. Las casas y la gente con energía positiva son muy potentes a la hora de manifestar sentimientos de satisfacción, de alcanzar sus necesidades y de lograr sus objetivos. En definitiva, al manifestar felicidad.

En los últimos años se ha logrado comprender mejor la energía, la gente hoy día habla sobre ella como si fuera una vieja amiga. Hay entusiasmo por descubrir el modo en que se puede avivar, fomentar y fortalecer la energía, y al mejorar la que nos rodea también fomentamos nuestro carisma personal, aumentamos nuestra eficacia y actuamos como un imán respecto a la riqueza, la salud y las buenas relaciones.

Este libro trata sobre esto: el feng shui como técnica viva actúa, por encima de todas las cosas, fomentando la energía que existe alrededor de nosotros. Explica cómo despejar la energía dentro de las casas y cómo ahuyentar la negatividad estancada o importada que puede causar la mala suerte, las vibraciones negativas y, lo peor de todo, los reveses repentinos de la fortuna.

Los objetos sagrados en el hogar sirven para concentrar la energía positiva.

Comprender la energía

La buena energía es la que salvaguarda y fomenta la suerte, pero va más allá de los espacios vitales y de trabajo. La energía de la persona es igual de importante (si no más).

Este libro también se centra en cómo pueden trabajar las personas para mejorar su energía interior. Hay apartados que tratan sobre las diferentes técnicas que se emplean para elevar los niveles de la conciencia mental y sobre cómo utilizar la mente para crear imágenes radiantes de éxito. Otros apartados dirigen la atención hacia el modo de avivar los aspectos profundamente espirituales de la persona, puesto que sólo cuando utilizamos nuestra parte espiritual podemos explorar más profundamente dentro de nuestro ser interior más poderoso.

Utilizar la meditación para descubrir el poder de nuestra aura.

Desprender seguridad en nosotros mismos

También trabajamos con los dogmas vivos que han sido transmitidos por los antiguos maestros sanadores, cuyos «miles de consejos» constituyen las importantes pautas de vida que podemos utilizar para mantener nuestro bienestar físico y mejorar nuestra apariencia exterior. Por ello, hay un apartado dedicado a los principios que indican que no sólo hay que tener buen aspecto sino un aspecto vigoroso. La idea es mejorar nuestro carisma y nuestro magnetismo personal.

Por último, hay un apartado que trata sobre cómo debemos aprender a convertirnos en auténticos expertos en todo lo que hacemos. Esto engloba las cosas que tenemos que hacer para mejorar nuestros espacios materiales con el fin de avivar todos los aspectos de nuestras vidas.

Cuando activamos nuestra energía y nuestro espacio, todas las dimensiones de la persona mejoran. Todo el trabajo que se lleva a cabo para mejorar a la persona produce un efecto en cadena sobre todas las áreas de

nuestra vida. De este modo, los consejos feng shui reactivadores de la energía, que proporcionamos en este libro, son enormemente beneficiosos. Debemos recordar que la energía es algo que la humanidad posee desde el comienzo de los tiempos. Los antiguos pobladores de muchas culturas ya conocían la energía; sólo que le daban nombres diferentes y representaban el resultado final como si fuera magia, atribuyendo el poder de la energía a alguna fuerza exterior sobrenatural o espiritual.

El poder espiritual de la energía

Quizá la energía SÍ es espiritual; quizá nuestra energía personal no sólo está ligada a la energía de nuestro entorno y nuestros hogares; puede que también esté ligada a otras dimensiones de la existencia y a otros mundos paralelos. Pero sean cuales sean esos vínculos, el poder de la energía está reconocido, sólo que la causa y la fuente de la misma no han sido completamente exploradas. Las explicaciones sobre la potencia de la energía están incompletas, simplemente porque todavía tenemos que descubrir más sobre ella. Sabemos que cuando llevamos a cabo ciertas acciones nuestra energía se reaviva, pero descono-

cemos el modo en que esto ocurre. Por ejemplo, sabemos que cuando hemos dormido suficiente, nuestra energía se recarga, nuestro pensamiento se vuelve más perspicaz y clarividente, y nuestro aspecto más radiante. La sabiduría convencional ofrece una explicación bastante sencilla: con más descanso se consigue una mente y un cuerpo más fuertes y, como consecuencia, nuestra energía esencial se vuelve también más fuerte. Pero hay algo más…

El aliento mágico de la energía cósmica chi

La energía tal como en la actualidad la definimos –algo profundamente potente y poderoso que está en nuestro interior– nunca ha sido descrita o explicada directamente. Las referencias a la energía se expresaban siempre en términos simbólicos. La conciencia colectiva china se ha centrado siempre en el simbolismo, y la manera más fácil que tenía la gente de comprender la energía era inventar cuentos y leyendas sobre sus poderes aparentemente mágicos.

De este modo nació el simbolismo de la energía cósmica chi del dragón, el aliento mágico que aviva, proporciona vitalidad, trae suerte, crea confianza y se manifiesta como las diez mil cosas que crean la felicidad universal. En el transcurso del tiempo, los chinos comenzaron a referirse a esta esencia de la vida como el chi, desarrollando los ejercicios conocidos como chi kung y feng shui, el arte de domesticar el chi del dragón. También existe la medicina tradicional china que diagnostica las enfermedades y que ofrece remedios de acuerdo con las condiciones del chi yin y yang, dentro del cuerpo humano.

El poder del carisma

Hay personas cuya energía es tan poderosa que todos aquellos que conocen y con los que interactúan sienten su energía. Este tipo de gente irradia un carisma casi irresistible, una energía que no se ve, pero que se percibe. Se describe a estas personas como seductoras, atractivas y cautivadoras.

La fuente de su magnetismo procede de un fuego interior que brilla desde dentro. Estas personas vigorosas están siempre rodeadas de mucho público. Sus palabras poseen una fuerza que anima a experimentarlas.

¿Cuál es el origen de la energía de estas personas? ¿De dónde procede su resplandor?

Este libro os ayudará a obtener algunos de estos niveles de energía. Desaparecerán los efectos del trabajo excesivo, el estrés, el cansancio, la indecisión y la falta de concentración que reflejan un bajo nivel de energía.

Los peligros de los espíritus yin

Si dejamos que las actitudes negativas se amontonen la buena energía chi no podrá llegar hasta nosotros. En el transcurso de los días, semanas o incluso meses, nuestra casa reflejará nuestro aletargamiento interior, reinará el desorden y el polvo se posará debajo de los muebles. En nuestros jardines crecerán las malas hierbas y las plantas morirán por falta de cuidados. En el feng shui describimos esta situación como formación del espíritu yin.

La solución es reavivar la energía

Esto es lo que os ayudará a crear caminos hacia el éxito y a reavivar vuestra vida para siempre. Muchos son antiguos secretos que funcionan para todo el mundo. Algunos de los consejos que se describen en este libro puede que ya los conocierais, o que quizá los hubierais hecho de manera inconsciente. Esto no debe sorprenderos. A menudo hacemos cosas que son buenas para nosotros, sin darnos cuenta.

La mejor manera de utilizar las técnicas revitalizadoras y de estar seguro de que realmente funcionan es desarrollar la capacidad de concentrarnos, centrar nuestra atención cada vez que realizamos los ejercicios mentales que recomiendo. Debéis recordar esto mientras labráis vuestro camino ¡a través de las 168 técnicas que se resumen en este libro!

Capítulo uno

Cómo enfrentarse a los devoradores de energía

¿Qué se consigue al controlar nuestra energía intrínseca? ¿Cómo afecta a nuestras vidas el avivar la energía de nuestro espacio? La clave para obtener vigor y fuerza, éxito y felicidad, reside en la calidad de nuestra energía interna y externa. Por este motivo, la energía es una parte tan importante de nuestro ser.

Si queréis aprender cómo reavivar la energía, el mejor lugar para comenzar es el territorio familiar. Comenzad por una habitación en la que paséis mucho tiempo, y que hayáis ocupado al menos durante seis meses. Es el mejor lugar para trabajar con el desarrollo de la conciencia del espacio y la energía.

Si nunca antes habéis prestado una atención plena a la energía de vuestra habitación, debéis comenzar a sintonizar con su energía. Aquí os mostramos cómo hacerlo.

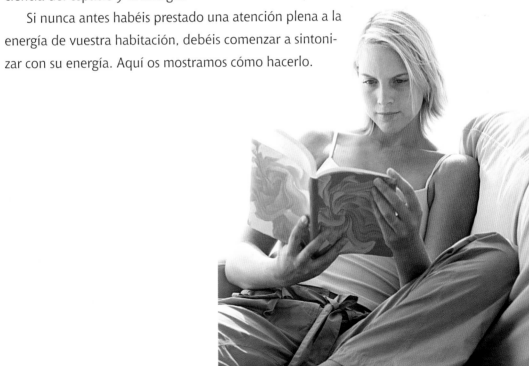

1 Agudizad los sentidos

Colocaos en el centro de la habitación y dirigid vuestra atención hacia las esquinas, girando en el sentido de las agujas del reloj y tomando nota de todos los muebles y objetos decorativos... es decir, de todo lo que os rodea. Dejad que vuestra vista envíe mensajes a vuestra mente al sintonizar con la energía de la habitación. Necesitáis que vuestros cinco sentidos trabajen conjuntamente, de modo que también podéis ser conscientes de los sonidos –del agua que gotea, de la brisa que murmura a través de la ventana e incluso de la radio que suena– y activad las sensaciones del tacto con la palma de la mano.

Moveos lentamente para captar la energía de la habitación. Percibid las observaciones, pero la idea es entrenar a vuestra mente para sintonizar con vuestro espacio vital. Debéis ser lo más meticulosos posible a la hora de tomar nota de todo aquello que hay dentro de vuestra habitación. Cada pequeño objeto contiene energía, toda la energía es diferente y posee diferentes longitudes de onda y diferentes afinidades.

Volved vuestros pensamientos hacia los espacios y objetos de la habitación. Fijaos en las estructuras materiales que forman la habitación, en la altura y el color de las paredes, en la presencia de vigas, puertas y ventanas, tuberías descubiertas y protuberancias. Intentad no dejaros nada. Dirigid vuestra mente para tomar nota mentalmente de la disposición y la decoración de la habitación.

¡Sentidla!

A continuación, sintonizad con el sentimiento de la habitación. ¿Parece cansada? ¿Está inerte la energía? ¿Se os ha ocurrido transformarla? ¿Es demasiado oscura? ¿Deberíais poner más luces? ¿Necesitan un lavado las cortinas? ¿Parece algo húmeda la alfombra? ¿Alumbran todas las bombillas? ¿Entra la luz del sol en la habitación?

Estas preguntas y mil más deben surgir de manera espontánea mientras dais un repaso al espacio con el cual estáis familiarizados. En poco tiempo, vuestra comodidad con los alrededores familiares os servirá para entrar en contacto con la energía espiritual de vuestra habitación. Cuando la habitación empiece a intercambiar pensamientos con vosotros, dirigirá vuestra atención hacia las cosas que debéis captar.

Si utilizáis la habitación en exclusiva, «vuestra» energía de la habitación predominará. Si la habitación parece contenta podéis estar seguros de que sois tanto la causa como los beneficiarios de la energía feliz. Si la habitación parece inerte, también vosotros sois la causa y el resultado. La energía de la habitación refleja vuestro estado de ánimo, de manera que, si modificáis la energía de vuestro espacio vital, inmediatamente cambiaréis vuestra vida. Debéis estimularla con nueva energía renovadora y os sentiréis reavivados y recargados.

Cuando sintonizamos con nuestros sentidos, aprovechamos la energía única de los espacios de nuestra casa.

Orientaos mentalmente 2

Vuestra capacidad para sintonizar con la energía de una habitación se vuelve más potente cuando adoptáis de una forma activa las herramientas del feng shui. Dejad que vuestra conciencia mental adopte una mayor claridad aplicando la precisión técnica a vuestras observaciones. Todo aquello que esté situado en los ocho ángulos diferentes de una habitación tienen un efecto sobre su feng shui, unas cosas más que otras. Cada ángulo implica una dirección de la brújula y descubriréis que tiene un atributo feng shui diferente. De momento, sólo debéis ser conscientes de los objetos que hay en las diferentes esquinas de vuestra habitación.

Comenzad con una brújula

Adquirid una buena brújula y utilizadla para averiguar las orientaciones de la habitación. Fijad los puntos de la brújula en vuestra mente. Si lo necesitáis, podéis tener a mano un plano de vuestra habitación para marcar las direcciones de la brújula. Conviene intentar recordar las orientaciones tomadas con la brújula de vuestra habitación. Dejad que esta parte tan útil de información se filtre hacia vuestra conciencia interior, especialmente si tenéis previsto seguir ocupando la habitación. El hecho de tomar conciencia de la orientación de las disposiciones vitales os ayudará a anclar las interpretaciones feng shui asociadas a los diferentes ángulos de vuestra habitación.

Qué hay que hacer

Manteneos en el centro de la habitación y evocad mentalmente los diferentes ángulos. Tomar nota del lugar donde está situada la puerta de entrada a la habitación, en qué ángulo de la brújula está y qué dirección tiene. Acostumbraos a pensar en términos de orientaciones de brújula y sectores. Abrid la puerta y mirad lo que hay fuera. ¿Hay una escalera justo enfrente de la puerta? En ese caso, puede ser nefasto, y quizá queráis tomar

nota mentalmente para mantener siempre cerrada la puerta, o colocar justo al lado algún tipo de cortina para suavizar la energía que llega directamente desde la escalera. Hay otros aspectos que deberéis tener en cuenta, y que citaremos más adelante (*véanse los Consejos 44 al 68*).

Dormitorios y cuartos de baño

Dejad que vuestra vista se mueva por cada habitación de esta misma manera, tomando nota de la ubicación del retrete, la cama, los armarios y así sucesivamente. Todos los muebles tienen un efecto sobre la energía chi de la habitación, e influirán sobre vuestro bienestar.

La brújula Lo Pan revela todos los elementos y otros atributos feng shui de las diferentes direcciones de la brújula.

CONSEJOS SOBRE ENERGÍA

Utilizar un plano de la habitación

Una brújula y el plano de la habitación son herramientas feng shui indispensables. Para valorar vuestro espacio, diseñad una habitación utilizando papel de dibujo cuadriculado, y colocad todas las piezas clave de mobiliario, decoración y accesorios, antes de asignar las ocho direcciones de la brújula.

La isleta con los bordes redondeados ayuda a que la energía chi fluya suavemente.

La cocina nunca debe estar situada al lado del fregadero.

Incluir elementos pequeños, como plantas y artículos decorativos, en el plano de la habitación, pues contribuyen a equilibrar los elementos de la misma.

3 Detectad a los devoradores de energía de vuestro alrededor

Es fácil pasar por alto las cosas que os resultan perjudiciales en vuestro entorno, a menos que os dediquéis a inspeccionar todo lo que ocupa un lugar en vuestro espacio.

Por este motivo, tenéis que utilizar vuestra mente al cien por cien y es necesario que desarrolléis una conciencia aguda, cuando miráis alrededor de vuestra habitación, pues de otro modo podéis pasar por alto cosas que normalmente daríais por hecho. Aquellas personas para las que el feng shui es algo nuevo siempre tienen ideas preconcebidas sobre lo que es importante o no desde el punto de vista del feng shui. Evidentemente, la verdad del asunto es que todo puede ser importante. Por eso resulta de utilidad desarrollar una conciencia sobre la energía. Ésta es la clave para determinar su impacto sobre vuestro feng shui.

La viga encima de nuestra cabeza crea flechas envenenadas.

El sofá situado justo debajo de la viga está afectado.

Observad los objetos pequeños

Los zapatos alineados junto a la puerta pueden crear una energía negativa bloqueada y obstaculizar la entrada de la buena suerte en la casa.

La conciencia sobre la energía lleva a establecer una comunicación con el espíritu de la habitación. Esto sirve para atraer nuestra atención hacia los objetos que tienen un efecto negativo sobre nuestro bienestar; por ejemplo, los periódicos amontonados en una esquina importante que corresponde a la «dirección del éxito», que representan un obstáculo para vuestro éxito. Los zapatos cubiertos de barro en el pasillo, cerca de la puerta principal, son el motivo de que se envíe energía negativa a la puerta, mientras que un cenicero sucio colocado en el centro del salón o un trozo de papel pintado que se despega, al noroeste, afectará al cabeza de familia. Una mella en una taza de café suele originar complicaciones en planes bien diseñados, el borde afilado de una cómoda que os golpea mientras dormís afecta a vuestras oportunidades de éxito en el trabajo, y la energía pesada de una viga directamente encima de vuestra cama puede ser la causa de jaquecas y tensión. Estas cosas pueden escapar fácilmente a la atención de una persona muy ocupada.

Si sois profesionales que llegáis a casa cansados todos los días, no tendréis tiempo o ganas de percibir vuestra habitación, y menos aún de captar cosas que pudieran estar perjudicándoos. No deberías sorprenderos si desconocéis absolutamente el modo en que se mueve la energía (o no se mueve) en vuestra habitación. En el momento en que os dais cuenta de que una serie de devoradores de energía os la están robando, quizá ya os sintáis demasiado débiles para poder remediarlo.

Desarrollad el ojo feng shui que todo lo ve 4

Cuanto más atentos estemos a nuestro espacio vital, más meticulosos seremos respecto a la observación del origen de la energía buena y la energía mala. Debemos practicar la «observación» para desarrollar un ojo feng shui que todo lo ve.

Dividir en zonas

Observad la forma de la habitación, su altura, su tamaño y, lo que es más importante, la orientación de las direcciones de las camas y/o zonas de dormir, según la disposición de los muebles. Tomad nota de la forma, color, tamaño y colocación de cada objeto, y averiguad la forma en que actúan entre sí. Observad también los artículos de decoración, ordenadores, y otros objetos situados sobre las mesas, dentro de los armarios y en las esquinas. Todo esto constituye la suma total de la energía de cualquier habitación. Por este motivo, debéis observar todo lo que contribuya al ambiente general.

Sea cual sea el estilo de decoración de vuestras habitaciones, no dejéis que los recuerdos familiares sean invisibles. Cada artículo tiene una repercusión en el feng shui de la habitación, y, como consecuencia, en su energía intrínseca.

Los objetos pequeños, como los jarrones, también afectan a nuestro feng shui.

Prestad atención a vuestra colocación en el puesto de trabajo: debéis aseguraros de que miráis hacia la dirección favorable.

Revisad las obras de arte que hay sobre vuestras paredes: ¿son positivas y alegres?

Ved aquí cómo la estantería crea una flecha envenenada que afecta a la persona que está sentada junto al ordenador.

El ojo feng shui que todo lo ve actúa como una cámara fotográfica dentro de vuestra mente. Tomad una fotografía asegurándoos de que estáis utilizando un objetivo gran angular, y después concentraos en ella hasta que podáis recordarla con facilidad. Ésta es una parte fundamental del método del feng shui interior que exige que utilicéis vuestra concentración mental. Con una imagen mental detallada y clara, nuestros esfuerzos serán mucho más eficaces para crear energía nueva o reforzar la existente.

Los niveles de conciencia mejoran con la práctica y pronto seréis capaces de llevar una imagen a la mente ¡en un abrir y cerrar de ojos!

Utilizad el ojo feng shui para captar cada objeto de una habitación y poder recordar la imagen cuando queráis.

5 Limpieza mental por medio de los rayos del sol

Una de las acciones más beneficiosas que podemos hacer todas las mañanas en cuanto abrimos los ojos al despertarnos es tener pensamientos agradables. Concentrarnos en crear una sensación de gran felicidad por estar vivos, despiertos y sentirnos bien. Esto genera buena energía que podemos emplear para limpiar mentalmente nuestra habitación con «energía matutina».

Crear las imágenes adecuadas

Parece muy fácil avivar sentimientos de felicidad sólo por sentirnos vivos, pero es un ritual de pensamiento muy potente y purificador. Muchas culturas asiáticas incorporan este yoga del despertar en sus rituales matutinos, aunque únicamente lo conocen aquellos que practican técnicas de meditación. Los antiguos maestros taoístas de las ciencias esotéricas conocen bien estas técnicas y otras imágenes relacionadas con la meditación, y las llevan a cabo de una manera rutinaria al despertarse todos los días.

Irradiación del aura del sol

Al irradiar el aura del sol, irradiamos sentimientos de bienestar a partir del momento en que nos despertamos. Es una técnica de meditación que resulta fácil de dominar.

Cómo llevarlo a cabo

Cuando salimos del modo del sueño y adquirimos plena conciencia de nuestro alrededor, debemos visualizar una luz amarilla brillante encima de la coronilla de nuestra cabeza, que se va extendiendo e irradiando hacia el exterior: es el sol que ilumina nuestro alrededor. Sentiremos la suave calidez del sol imaginario mientras va extendiendo sus rayos de calor y luz hacia el exterior. Estos rayos amarillos se vuelven blancos y pronto se disuelven en el espacio que hay a nuestro alrededor, ahuyentando las influencias yin de la noche e infundiendo la energía yang de la mañana.

CONSEJOS SOBRE ENERGÍA
Tomad un baño de luz en el trabajo

Es un ejercicio diario que os robará cinco minutos pero que es muy beneficioso, pues crea una excelente base de energía yang en el lugar de trabajo. Refuerza todo lo que hagamos para reavivar el espacio de trabajo, y lo que es más importante, la energía positiva que emanaremos potenciará todas las relaciones laborales, además de la confianza en nosotros mismos.

1. Sentaos tranquilamente en la mesa del despacho, y relajaos inspirando profunda y lentamente. Imaginad que os estáis despertando en vuestra cama, bañados en pura energía del sol.

2. Visualizad la luz amarilla que se expande hacia el exterior, cómo se vuelve blanca y se mezcla con el espacio.

¡Estad alerta frente a la negatividad! 6

Siempre es importante mantenerse alerta frente a los sentimientos negativos. Son manifestaciones exteriores de la energía que se intuye como negativa, y que impactan sobre nuestra conciencia. No hay muchas personas que se den cuenta de que los sentimientos, respuestas y emociones negativas, que normalmente llegan en forma de malas noticias, se convierten en resultados negativos, es decir, un resultado directo de cierta energía hostil causada por las malas influencias.

De dónde procede la hostilidad

La fuente de las malas influencias puede ser la energía de otras personas, de tal modo que reaccionamos ante ellas con ira, envidia, celos, impaciencia y muchos otros sentimientos negativos similares. Si absorbemos la mala energía de otras personas ésta puede afectar a los más débiles de nosotros.

Las malas influencias también pueden llegar de cualquiera de las poderosas y potencialmente dañinas fuentes de energía del entorno exterior, que nos envían grandes dosis de veneno invisible y que afectan a nuestra energía sin que nos demos cuenta. Esta energía negativa es como un veneno y produce infortunios, mala suerte, reveses repentinos de la fortuna, accidentes, enfermedades y mala salud. Todo lo que hace desagradable la vida está ocasionado por la energía envenenada que puede llegar a originar estancamiento, crear un sentimiento profundo de depresión y, lo peor de todo, también puede producir una pérdida general. Sí, la energía debilitadora y nociva puede ser muy fuerte.

Cómo enfrentarnos a la energía negativa

Por este motivo es tan importante estar alerta a la energía negativa.

Podemos encontrar los ejemplos más sencillos en las preocupaciones diarias que todos conocemos: aire contaminado frente al aire puro; paisajes hermosos frente a horizontes sucios; lagos limpios frente a desagües inmundos. Es mucho más favorable vivir en casas de barrios bonitos y limpios que en guetos abarrotados de edificios elevados. Siempre que podamos, es conveniente vivir en barrios alegres, limpios y favorables.

Si queremos llevar una vida agradable y feliz, debemos comenzar por elegir un entorno exterior que nos permita crecer, nos aporte suerte y nos reactive día tras día.

Utilizar el feng shui para protegernos contra la negatividad es lo mismo que utilizar un paraguas para protegernos contra las tormentas de la vida.

7   Cómo neutralizar los edificios perjudiciales

Aunque la mayoría de nosotros estamos aferrados a nuestra ubicación actual y normalmente nos resulta difícil enfrentarnos a la mala energía en el entorno exterior, es mejor ser consciente de cualquier cosa que pueda estar creando problemas en vuestra casa, por lo que respecta a la energía de los alrededores. Una vez que desarrolléis vuestros poderes de observación, debéis prestar atención al entorno que os rodea, buscando peculiaridades naturales y artificiales en el exterior.

Lo más nocivo son los edificios altos de aspecto hostil situados directamente enfrente de nuestra casa. Las grandes estructuras que se alzan justo delante de la casa suelen causar obstáculos en nuestra vida, creando energías bloqueadoras que traen mala suerte y nos hacen fracasar.

El tamaño y la forma

Algunos edificios son más nocivos que otros. Los que tienen muchos ángulos y aristas son causa de grandes cantidades de energía negativa. Cuando los edificios están inclinados, y los bordes apuntan directamente a nuestra casa, es muy peligroso. El canto de un edificio es como el filo de un cuchillo que envía energía mortífera muy potente en nuestra dirección.

El color de las tejas y muros de los edificios, así como su forma, puede ser un problema, especialmente si los colores y formas representan elementos hostiles al elemento de nuestra casa.

¿Qué tipo de energía destructiva puede afectar a vuestra casa?

- Una casa que se asienta en el **sur** (y mira hacia el norte) es una casa de elemento fuego, de modo que si el edificio que está justo enfrente tiene forma curvilínea y es predominantemente azul o negro, representa el agua, y la energía que envía hacia vuestra casa es energía destructiva. Debe ser neutralizada con energía de elemento tierra. Se puede solucionar este problema construyendo un muro de ladrillos.

- Si vuestra casa se asienta en el **norte** (y mira hacia el sur) se dice que es una casa de elemento agua. Si el edificio que tenéis enfrente es cilíndrico y predominantemente amarillo o representa la tierra, la energía que envía en vuestra dirección es energía destructiva y debe ser neutralizada con energía de elemento madera. Plantar un árbol o un seto ayudará a contrarrestarla.

- Una casa que se asienta en el **este** (y mira hacia el oeste) o en el sudeste (de cara al noroeste) es una casa de elemento madera, por lo que si el edificio de enfrente es cuadrado y predominantemente blanco o de metal, representa al metal, y la energía que envía en vuestra dirección es energía destructiva, que debe ser neutralizada con energía de elemento fuego, por lo que conviene que instaléis luces potentes.

- Cuando vuestra casa se asienta en el **oeste** (y mira hacia el este) o en el **noroeste** (y mira hacia el sudeste) es una casa de elemento metal. Una forma triangular y predominantemente roja significa el fuego, y la energía que envía en vuestra dirección es energía destructiva. Conviene neutralizarla con energía de elemento agua, construyendo una fuente pequeña.

- Si vuestra casa se asienta en el **nordeste** (y mira hacia el suroeste) o en el **suroeste** (y mira hacia el nordeste) es una casa de elemento tierra, y si el edificio que está enfrente es rectangular y en su mayor parte marrón o verde, que representa la madera, la energía que envía en vuestra dirección es energía destructiva. Conviene neutralizarla con energía del elemento metal. Un móvil de viento puede servir para contrarrestarla.

Cuidado con los cruces en T de las carreteras rectas   8

El número de carreteras que miran directamente hacia nuestra casa pueden tener un impacto negativo sobre su feng shui. En general, la unión en forma de T es una de las más dañinas, puesto que significa que la casa o el edificio mira directamente hacia una carretera larga y recta. Cuando el tráfico se desplaza rápidamente hacia la casa o edificio, el feng shui es enormemente nocivo, pues golpea al edificio con energía destructora denominada shar chi, y cuando el tráfico se aleja del edificio se lleva toda la riqueza del mismo. De modo que de las dos maneras, una carretera recta delante de nuestra casa o incluso delante de nuestro edificio de apartamentos, trae mala suerte. Asimismo, la unión en forma de T es algo muy negativo, independientemente de la dirección que tenga la carretera.

La carretera con unión en forma de T genera una flecha envenenada que apunta hacia la puerta de entrada, que está alineada con el centro de la T.

La flecha envenenada hostiga a la puerta de entrada.

Las casas con uniones en forma de T pueden resultar menos afectadas por las flechas envenenadas si están elevadas por encima del nivel de la carretera.

Flechas envenenadas

Éste es un ejemplo de energía seriamente afectada en nuestro entorno externo. Debéis recordar que todo lo recto que apunte directamente hacia vuestra casa, y en particular hacia vuestra puerta de entrada, actúa como si disparasen energía destructiva a los habitantes de la casa.

Cuando hay dos edificios con una carretera estrecha entre los dos, que los separa justo delante de nuestra casa, el efecto se considera grave. La energía de la carretera es similar a la de la carretera recta y posee la energía de una flecha envenenada lanzada hacia nuestra casa. Este efecto causa accidentes y desgracias de trágicas consecuencias.

Las personas que habitan en casas vapuleadas con esta energía hostil, experimentarán dificultades que se manifestarán en varios aspectos de sus vidas, causándoles estrés y otras consecuencias trágicas. Los chinos siempre han evitado las carreteras rectas que apuntan directamente hacia sus casas u oficinas. Si vuestra casa está situada por encima del nivel de la carretera, la carretera con unión en forma de T no es tan nociva, sino que se considera una fuente cardinal de energía negativa.

9   Fustigados por carreteras de varios niveles

Otra clase de carretera que forma parte de los paisajes urbanos es la autopista de varios niveles, que puede tener un tráfico ruidoso peligrosamente cerca de nuestras casas, sobre todo si son apartamentos pequeños, que a menudo están situados dentro de edificios elevados.

Cuando estas carreteras elevadas «abrazan» nuestra casa, no resultan tan peligrosas, pero si nuestro apartamento está situado en la curva exterior de la carretera, se dice que cortan nuestra casa. Poco se puede hacer si resultáis afectados por carreteras elevadas, excepto utilizar cortinas gruesas para no tenerlas a la vista.

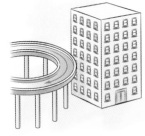

Si la carretera abraza el edificio, el efecto negativo del tráfico disminuye. Hay que evitar siempre los apartamentos u oficinas situadas en el borde exterior de una autopista elevada (abajo), pues nuestra casa será «azotada» por energía negativa.

10   Atrapados entre dos carreteras

Cuando nuestra casa está situada entre dos carreteras con mucho tráfico, la energía que generan puede ser muy perjudicial. Tanto la parte delantera de la casa como la de atrás son vulnerables a la energía nociva del entorno, que se describe en terminología feng shui como «estar estrangulado entre dos tigres», y sugiere que algo muy desagradable les va a suceder a sus habitantes.

La situación se complica si una de las carreteras está más elevada que la otra, e incluso más aún cuando la carretera más elevada pasa por la parte delantera de la casa. Esto desequilibra completamente la energía de la casa, aportando una suerte inestable a los residentes. En esos casos, independientemente de lo excelente que sea la energía de nuestro espacio vital personal, resulta realmente complicado disfrutar de buena suerte.

Dominar a los dos tigres

Cuando dos carreteras abrazan la parte trasera y delantera, conviene construir un muro elevado en la parte de atrás para crear una barrera entre vuestra casa y la carretera. Si las dos carreteras abrazan como un sándwich los dos lados de la casa o del bloque de apartamentos, el efecto no es tan nocivo, sobre todo si el edificio es grande en comparación con las carreteras.

Esta casa de campo tiene un feng shui nefasto, pues está aprisionada entre dos carreteras con mucho tráfico, lo cual crea una sobrecarga de energía yang.

Las vías rápidas generan energías destructivas · 11

Las carreteras circundantes pueden ser una fuente de energía furibunda y rápida, y si vivimos cerca de este tipo de autopistas pueden originarnos numerosos problemas, debiendo reducir la excesiva energía yang que producen. La mejor manera de solucionar este problema es construir algún tipo de barrera en forma de muro, que impida eficazmente la llegada del ruido y la energía negativos de la autopista.

La clave para valorar si las carreteras pueden enviar energía dañina hacia nosotros consiste en medir la distancia que hay entre la casa y la carretera: cuanto más cerca esté, más percibiremos la energía bala de los coches que pasan a toda velocidad.

Pero, normalmente, siempre que seamos capaces de crear algún tipo de barrera –árboles, muro, un seto– la diferencia será enorme. En feng shui, se estima que lo que no se ve visualmente es que está bien bloqueado, pues ninguna energía originada puede alcanzarnos.

Los arbustos y árboles pueden ocultar el tráfico desde vuestra casa, si vivís junto a una carretera muy transitada.

¿Está vuestra casa frente a una rotonda? · 12

Cuando vuestra casa está situada frente a un intercambiador circular, como el que tiene lugar en una rotonda, el efecto de la energía circular sobre la casa depende de lo rápido que fluya el tráfico y del hecho de que las carreteras lleven un flujo de energía chi a vuestra casa. De este modo, el tráfico rápido es malo y el tráfico lento, bueno. Cuando el tráfico parece fluir de una manera natural hacia nuestra casa sin que parezca hostil, la carretera circular transporta buena energía y, por lo tanto, buena suerte, pero si parece alejarse de la casa se considera que se lleva la riqueza lejos del edificio.

Otro enfoque es el análisis del elemento. La naturaleza circular del intercambiador de carretera lo convierte en una situación de elemento metal, y en lo que respecta a las casas que «se asientan» en dirección norte (es decir, que miran hacia el sur) la energía del metal del intercambiador atrae la buena suerte.

Las casas modernas suelen estar cerca de rotondas o de zonas de giro.

Flujo de energía yang.

El tráfico rápido en una rotonda crea energía negativa para vuestra casa y hace que los ingresos se agoten.

13   El efecto de las vías de incorporación

Al mirar hacia las carreteras que pasan por nuestra casa, en primer lugar debemos averiguar si la carretera es beneficiosa o perjudicial. Se dice que su efecto es beneficioso cuando el tráfico de la carretera se mueve de manera lenta y llega hacia nuestra casa formando una curva suave. Este efecto se amplifica si hay vías de incorporación que llegan a la carretera antes de pasar por la puerta principal de la casa, pues lleva más de una fuente de riqueza a nuestro edificio. Por este motivo, las vías de incorporación en este contexto son positivas.

Sin embargo, si la carretera que pasa por nuestra casa tiene un tráfico rápido y nocivo, entonces se dice que las vías de incorporación llevan energía negativa a la carretera, y en ese caso se amplifica el efecto nocivo.

El movimiento de la energía chi.

Las carreteras de incorporación, como las pequeñas vías de servicio con poco tráfico, no son nocivas para el feng shui de nuestra casa.

14   Fijaos en las estructuras artificiales nocivas

Las estructuras como las torres de transmisión, las grandes chimeneas de las fábricas o las torres de telecomunicaciones son conocidas por las dosis masivas de energía shar que emiten, y este aliento destructivo a menudo resulta difícil de combatir. Por lo general, causan enfermedades a las personas que viven en casas o apartamentos situados cerca de las mismas. Las torres de transmisión de electricidad son especialmente nocivas, y es aconsejable evitar vivir demasiado cerca de ellas.

Otras estructuras potencialmente perjudiciales que pueden causar problemas de feng shui si vivimos demasiado cerca son los grandes puentes de acero y de cromo, las centrales eléctricas y otros edificios grandes de cemento y acero.

Debemos ser extremadamente precavidos respecto a las construcciones artificiales. No sólo son amenazadoras sino que suelen ser fuente de energía destructiva, especialmente cuando están situadas frente a nuestras casas. Conviene dejar estas estructuras detrás, y plantar siempre algunos árboles para crear una barrera de follaje entre éstas y nuestra casa.

Mira a través de la terraza o balcón aunque estén vallados, ya que las estructuras externas pueden influir sobre el feng shui de tu propiedad.

Los tejados con forma triangular pueden crear flechas envenenadas.

Una pantalla de bambú puede ayudar a protegernos de la negatividad de los edificios de los vecinos.

Remedios eficaces contra las estructuras externas nocivas

15

Cuando hay un edificio grande, una carretera o una estructura hostiles, que sospechamos que está causando daño a nuestra casa, podemos elegir entre estos cinco remedios basados en la dirección desde la cual llega la energía perjudicial. Estos métodos están basados en las fórmulas de la brújula.

- Colgar un **cuchillo curvo** en la parte exterior de nuestra casa, justo enfrente de la estructura, si su energía negativa llega a la casa desde el este o el sudeste.

- Colocar una **piedra grande** entre la puerta y la estructura perjudicial, si la energía llega desde el norte.

- Colocar un **punto de luz potente** y brillante hacia el exterior desde la parte alta de la puerta, si el edificio, carretera o estructura hostil llegan desde el oeste o el noroeste.

- Colocar una **fuente de agua** delante de nuestra casa si la estructura perjudicial llega desde el sur.

- Plantar un **grupo de árboles** delante de la casa, si la estructura perjudicial llega desde el suroeste o el nordeste.

Conviene colocar una iluminación potente en la parte exterior de nuestra casa para desviar la energía perjudicial que llega desde el norte y el noroeste.

Una fuente con aguas tranquilas puede sosegar la energía negativa procedente de cualquier estructura situada en el sur. Esta fuente representa la figura de Kuan Yin, la diosa budista de la compasión.

Elementos naturales como los árboles y las piedras protegen nuestra casa de las estructuras negativas externas.

16 Cómo enfrentarse a los vecinos molestos

Un problema muy corriente para muchos habitantes de los alrededores de las ciudades son las malas vibraciones que causan los vecinos, especialmente los que tienen niños ruidosos y maleducados. Los vecinos pueden llegar a ser muy molestos e incluso hostiles, y en el peor de los casos, directamente perjudiciales.

En esos casos, ¿qué podemos hacer? Los problemas con los vecinos son especialmente irritantes cuando vivimos en casas adosadas o en edificios de apartamentos con paredes finas. Los lloros de los niños y los ruidos pueden ser tan molestos como para llegar a perturbarnos enormemente. Y cuando utilizan feng shui contra nosotros –colgar espejos Pa Kua encima de sus puertas que miran directamente hacia nosotros– pueden llegar a enviarnos mala suerte.

Se puede calmar a los vecinos molestos colocando un simple recipiente con agua quieta –con flores y velas–, que también constituye un bonito centro de mesa si queréis disfrutar de una cena agradable con amigos.

Cómo crear un cuenco con agua yin

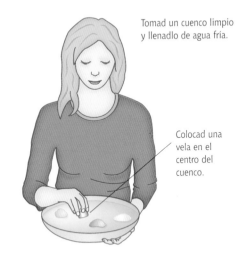

Tomad un cuenco limpio y llenadlo de agua fría.

Colocad una vela en el centro del cuenco.

Tranquilizar a los vecinos

Uno de los remedios más eficaces para calmar las vibraciones ruidosas y conflictivas procedentes de la casa que está junto a la nuestra o detrás es colocar agua en un recipiente que tenga una superficie amplia. Lo ideal es que el agua esté quieta y no produzca burbujeos. A esta agua la llamamos agua yin.

Después colocaremos una vela en el centro del agua. Esto crea un «punto» de energía yang que refuerza el agua yin. Colocamos este recipiente de agua (con luz) cerca de la pared que compartimos con los vecinos, y absorberá cualquier vibración hostil que pueda penetrar a través de las paredes antes de que nos perjudique.

Este mismo remedio se puede utilizar para absorber la mala energía chi causada por espejos Pa Kua colgados a través de la calle, o encima de la puerta del vecino de enfrente. Debemos dejar que el recipiente de agua «reciba» la energía negativa chi y después se transforme en energía chi buena.

Disolved la energía negativa de las estructuras materiales 17

El feng shui práctico tiene en cuenta todo lo que nos resulta perjudicial dentro del entorno material que nos rodea. Lo que necesitamos desarrollar es la sensibilidad respecto a las estructuras que emiten energía destructiva invisible, que es dirigida inadvertidamente hacia la casa, muchas veces sin que nos demos cuenta. Cuando realizamos un esfuerzo consciente para «buscar» estas estructuras, entonces las descubriremos.

La energía perjudicial puede llegar en cualquier forma pero principalmente en formas afiladas, rectas o puntiagudas, como las carreteras rectas. Debemos tener precaución con las uniones en forma de Y, y con los edificios altos que parecen intimidarnos justo delante de nuestra casa. De hecho, cualquier cosa que parezca amenazadora y hostil –incluso un objeto artístico con bordes puntiagudos y afilados– puede contemplarse como nocivo. Asimismo, también debemos buscar líneas triangulares de tejados y los ángulos de otros edi-

ficios. Son los objetos más comunes que pueden provocar un problema de feng shui.

Cómo enfrentarnos a las aflicciones

Existen remedios básicos de feng shui que pueden disolver la energía destructiva que originan estos destructores nocivos de energía. La eficacia del remedio depende de la fuerza de la energía destructiva que llega hasta la casa. De este modo, los edificios grandes son mucho más potentes, en cuanto a transportar energía chi, que una cabina telefónica o un poste de luz. Los grandes tejados triangulares también son más dañinos que los pequeños.

Sin embargo, sea cual sea su potencia, si podemos colocar el remedio correcto entre la casa y la fuente de la energía destructiva podremos disolver con éxito la energía negativa antes de que llegue a afectar a la casa. Por lo general, se recomienda el uso del «ciclo destructivo del cuadro de los cinco elementos» para suprimir eficazmente la energía negativa del entorno *(véase el Consejo 18)*.

Los paisajes urbanos densos pueden ser causa de energía «destructiva» negativa debido a la concentración de estructuras agudas y angulares.

18   Cómo determinar los elementos destructivos

El secreto está en saber cómo diagnosticar correctamente el elemento destructivo que existe en los casos individuales. Sólo hay cinco elementos, pero es fundamental elegir el correcto para averiguar el remedio que hay que aplicar. Debemos familiarizarnos con el ciclo destructor de los elementos. De este modo:

- La madera mata la tierra.
- La tierra mata el agua.
- El agua mata el fuego.
- El fuego mata el metal.
- El metal mata la madera.

Utiliza una brújula para establecer la dirección del origen de la energía destructiva que está afectando directamente a nuestra casa, y especialmente a la puerta de entrada principal. Cada una de las orientaciones está asociada con un elemento. Cuando hayamos determinado el elemento de la energía destructiva, podremos establecer el elemento que puede desviar sus efectos nocivos y actuar como remedio.

El ciclo deflector de los elementos

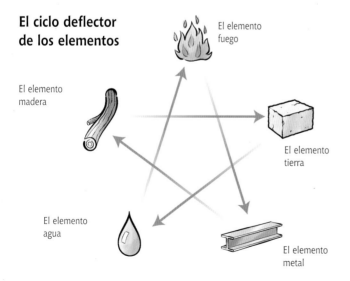

El elemento fuego

El elemento madera

El elemento tierra

El elemento agua

El elemento metal

Comprobar las direcciones

La energía del metal desvía la energía negativa de la madera que castiga la casa.

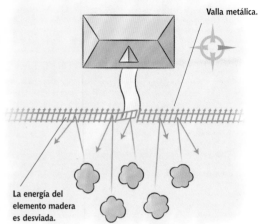

Valla metálica.

La energía del elemento madera es desviada.

Los elementos asociados con las direcciones son los siguientes:

Sur	Fuego	Agua
Norte	Agua	Tierra
Este y sudeste	Madera	Metal
Oeste y noroeste	Metal	Fuego
Suroeste y nordeste	Tierra	Madera

Utilizad el cuadro anterior para averiguar qué elemento es potencialmente nocivo y el remedio correspondiente. A continuación se indican algunos ejemplos:

- Cuando el origen de la energía destructiva está al sur, debemos utilizar una fuente de agua para desviar el fuego.
- Cuando el origen de la energía destructiva está al norte, debemos colocar un muro de cemento, que significa la tierra, para frenar el agua.
- Cuando el origen de la energía destructiva está al este o al sudeste, conviene utilizar carriles de metal para cercar la madera.
- Cuando la fuente de energía destructiva está al oeste o al noroeste, debemos utilizar luces brillantes para disolver el metal.
- Cuando el origen de la energía destructiva está al suroeste o al nordeste, debemos utilizar un seto que simboliza la madera, para tapar la tierra.

Utilizar de forma creativa los elementos protectores 19

El elemento **agua** está representado por cualquier líquido y por los colores azul y negro. El agua es fluida y tiene un movimiento hacia abajo. Su forma suele ser ondulante. En feng shui este elemento significa riqueza e ingresos.

El elemento **tierra** puede estar representado por rocas, piedras, cemento, muros, cristales, o cualquier objeto que tenga forma cuadrada. Las imágenes de las montañas y los planetas también simbolizan la tierra, así como los colores beige y amarillo. La tierra también es sinónimo de relaciones y buena suerte.

El elemento **metal** está representado por cualquier cosa construida con oro, plata, bronce o acero. La forma redonda también simboliza el metal. En feng shui, la energía del metal representa la energía del líder indomable o del cabeza de familia. De los cinco elementos, el metal es el más firme y puede resultar muy eficaz para combatir muchos de los trastornos feng shui.

Tomad nota de los elementos y formas de vuestra casa: una puerta roja representa la energía del elemento fuego; y la forma rectangular de las contraventanas (arriba a la izquierda) está asociada con la madera.

Podemos ser todo lo creativos que queramos a la hora de inventar remedios para suprimir o contrarrestar la energía nociva. Esto se debe a que un color y una forma específica, así como su naturaleza intrínseca, puede representar cada uno de los cinco elementos.

Por ejemplo, el elemento **fuego** puede representarse mediante la forma triangular y el color rojo, así como por velas, luces brillantes, focos, el sol y cualquier objeto cálido. El fuego también se representa con el movimiento hacia arriba y no puede almacenarse, sino que debe crearse de nuevo. En feng shui el fuego significa energía yang.

El elemento **madera** normalmente está asociado a las plantas, los muebles de madera, los colores verde y marrón, la forma rectangular y cualquier clase de vegetación viva. La madera es el único elemento que puede «crecer» y su movimiento se produce hacia arriba y hacia los lados. La madera en feng shui significa crecimiento.

Las formas triangulares, creadas por estos tejados alineados, indican energía del elemento fuego.

20   Los devoradores de energía en nuestro espacio personal

Los ambientes interiores también pueden contener muchos de los devoradores de energía habituales en los entornos exteriores. Los objetos que producen un feng shui adverso dentro del hogar no son necesariamente malos. Normalmente, la causa del problema es la forma en que están colocados y cómo reaccionan frente al espacio.

Por este motivo, es necesario fijarse en los cantos agudos de las esquinas, mesas, armarios y demás objetos, cuando apuntan directamente al lugar donde normalmente nos sentamos o dormimos. Del mismo modo, las estructuras rígidas que cuelgan, como las vigas estructurales al aire libre y los techos con diseño antiguo pueden emitir energía nociva si estamos sentados o durmiendo, trabajando o descansando, justo debajo de ellos.

Revisar lo que nos es familiar

Todos los hogares contienen estas fuentes de energía potencialmente nocivas y conviene revisar el espacio vital y el del trabajo para detectar exactamente dónde pue-

Este espacio parece moderno y cómodo, pero incluso los espacios ordenados como éste pueden tener trampas ocultas, que interfieren con la buena energía de nuestra habitación.

Dado que la televisión tiene cristal y es cuadrada, no hay nada blando en los muebles u objetos de este espacio. Esto origina cierta incomodidad y puede crear una sensación de tensión en sus ocupantes.

El canto de la mesa de centro apunta directamente hacia la persona que está sentada, enviándole una flecha envenenada.

den estar generándose los problemas que nos puedan afectar. Debemos prestar plena atención a nuestro espacio para analizarlo con un conocimiento bien informado. Resulta fácil pasar por alto lo que nos puede perjudicar dentro de nuestro hogar o en la oficina. Pero cuando sabemos lo que tenemos que buscar, podemos detectar fácilmente las estructuras, muebles y objetos materiales que pueden estar enviando energía negativa hacia el exterior. Éstos son los «destructores de energía» del entorno vivo y hay que desmantelarlos y convertirlos en inofensivos. De otro modo crearán la causa para que se manifieste la enfermedad.

Las vigas situadas sobre nuestra cabeza nos oprimen

21

Una de las estructuras más dañinas presentes en la mayoría de los hogares son las vigas descubiertas. Muchos apartamentos de edificios antiguos tienen estas vigas nocivas que envían energía destructiva hacia abajo a quienes se sientan directamente debajo de ellas. Peor aún es cuando el apartamento está en los pisos inferiores de un edificio elevado, pues estas vigas estructurales suelen repetirse en todas las plantas.

Bloquear la energía negativa

En las casas y bungalows estas vigas no son tan potentes, por lo que son menos nocivas. Para bloquear la mala energía y que no perjudiquen a ningún miembro del hogar, todo lo que tenemos que hacer es taparlas de la vista, con un techo cuidadosamente diseñado... También es conveniente volver a colocar los muebles de modo que nuestro sillón favorito no esté colocado debajo de dichas vigas. En los hogares con muchas columnas a la

Los ocupantes del piso más alto que se sientan debajo de la viga perciben mucha negatividad.

Los de la parte central del edificio sienten una atmósfera opresiva debido a que la viga situada encima de sus cabezas los presiona.

Los residentes de la planta baja son los que más sufren debido al efecto acumulativo de la viga a lo largo de los cuatro niveles.

CONSEJOS SOBRE ENERGÍA

Poned luces potentes

En feng shui, una iluminación potente es un excelente remedio contra las estructuras opresivas situadas sobre nuestra cabeza.

Los focos hacia arriba pueden servir para contrarrestar la energía chi negativa que generan las vigas situadas encima de la cabeza, en nuestras casas u oficinas.

---

vista, y piezas de madera que formen parte del «diseño» general o del aspecto de la casa, las vigas o la madera descubiertas no generan energía negativa. Sólo la producen cuando la viga situada encima de nuestra cabeza sobresale como un pulgar inflamado, en cuyo caso puede ser peligrosamente nociva.

Un excelente remedio consiste en crear una iluminación dirigida hacia arriba, al techo, pues ésta actúa como si empujara la energía hacia arriba. De este modo también se crea una iluminación muy cálida en el hogar, suavizando considerablemente, como consecuencia, la energía de la casa.

Cuando tengamos dudas debemos mover siempre nuestro asiento para que no se encuentre justo debajo de una viga. Incluso cuando simplemente estemos visitando a unos amigos, es conveniente no sentarse directamente debajo de una viga del techo.

22 Las esquinas que sobresalen envían energía chi destructiva

Los cantos agudos de las paredes y muebles son otra fuente de energía negativa. El remedio para contrarrestarla dentro de las casas y oficinas consiste en colocar algún objeto justo delante del canto que sobresale, para ocultarlo de nuestra vista. Así camuflados, los cantos pierden su característica perjudicial y pasan de ser fuentes de energía negativa a estructuras inofensivas que forman parte del ambiente de una habitación.

Asimismo, se pueden achatar los cantos de modo que su agudeza disminuya y pierdan su carácter amenazador. Las columnas cuadradas aisladas o las esquinas descubiertas que son el origen de energía perjudicial pueden convertirse en inofensivas de esta manera. Si os encontráis en el lado receptor de estos cantos, tenderéis a ser menos susceptibles frente a las enfermedades y accidentes. Podemos achatar estos cantos rebanando directamente el borde afilado o, en el caso de las columnas, forrándolas con espejos. De este modo

Las mesas cuadradas de cristal como éstas tienen un aspecto muy elegante, pero generan flechas envenenadas debido a sus múltiples ángulos afilados.

Modo de colocar un espejo sobre una columna

El hecho de colocar un espejo sobre una columna cuadrada, como se puede ver en el dibujo, sirve para descomponer las flechas envenenadas que pueden surgir de cada uno de los ángulos agudos de la columna, y que crean energía negativa chi en la habitación.

se consigue que la columna se funda con el resto de la habitación, achatando visualmente los cantos. Si ya habéis utilizado estos remedios, debéis recordar que hay que renovarlos. Cualquier cosa que coloquemos delante de ángulos muy agudos se debe cambiar y renovar periódicamente. Con el transcurso del tiempo, los remedios pierden su poder y hay que reavivarlos. Yo suelo cambiar mis remedios todos los años para garantizar que conservan el poder adecuado para superar la energía negativa hostil.

Los muebles como los escritorios y las cómodas también tienen cantos que pueden generar energía perjudicial. En esos casos, la solución es cambiar el escritorio o el armario de sitio, de manera que los cantos no provoquen ningún problema feng shui. Cuando volvemos a decorar nuestras habitaciones, en realidad lo que hacemos es cambiar la energía de lugar.

Escaleras que obstaculizan el éxito 23

La situación de las escaleras interiores puede tener un impacto positivo o negativo sobre la energía de los hogares, pues sirven como conductos de la energía chi y la trasladan de un nivel a otro. En feng shui, el conducto de la energía debe ser positivo y favorable para que la buena energía se mantenga en todos los niveles de la casa.

Las mejores escaleras son las anchas y curvas. Si la curva es suave, fomentan el flujo de energía benevolente de un nivel de la casa al otro. Dado que las escaleras rectas tienden a adoptar el carácter de flechas rectas envenenadas, si es posible, es mejor construir siempre una escalera curva. Para avivar las escaleras rectas, conviene mantenerlas bien iluminadas y colgar en ellas cuadros de imágenes agradables que pueden tener el efecto de reducir la energía, transformando así cualquier energía tensa en energía benigna.

Soluciones para las escaleras

Si nuestra escalera es estrecha es preciso mantenerla bien iluminada. Debemos asegurarnos de que los escalones no tienen «huecos», pues éstos debilitan la energía, y hacen que se escape en lugar de trasladarla al nivel superior, donde debería fortalecerse.

Es mejor colocar las escaleras de metal al oeste y noroeste, aunque las escaleras de cemento también son favorables. Las escaleras de madera están mejor situadas al este y sudeste, así como al sur. La idea es seleccionarla de acuerdo con el elemento del ángulo donde está situada la escalera. Las escaleras no deben estar en el centro de la casa: es mejor colocarlas a un lado del edificio.

Consejos y remedios

Las escaleras no deben comenzar ni terminar justo enfrente de:

- una puerta,
- un aseo,
- un espejo
- un dormitorio,

pues éstos actúan como obstáculos para el éxito. De estas incompatibilidades, la más nociva es cuando la escalera comienza directamente frente a la puerta delantera. Esta aflicción puede remediarse colocando una luz potente entre los escalones y la puerta. Mejor aún es bloquear la puerta con una pantalla, lo cual empuja la energía chi que penetra en la casa y la hace circular de forma ondulante antes de subir las escaleras.

Una escalera generosa y amplia genera un excelente feng shui en la casa.

24 Las puertas principales afligidas dejan pasar la energía negativa

Un espacio exterior despejado, que conduce a través de la puerta principal hacia un pasillo iluminado, permite que la energía cósmica penetre en nuestra casa.

Nunca se debe dejar que las flechas envenenadas del entorno exterior fustiguen la puerta de entrada principal. Éstas envían energía destructiva que, al golpear contra la puerta, penetra en la casa. Debemos asegurarnos de que la puerta de entrada no está frente a una carretera recta que conduzca directamente hacia ella. Del mismo modo, la forma triangular del tejado de una casa vecina no debe incidir sobre la puerta principal. Las carreteras y las líneas de los tejados suelen causar un daño enorme, por lo que hay que tener cuidado con ellas. Estas estructuras bloquean el éxito de los ocupantes de la casa.

Lo mejor es que las puertas principales den a un espacio abierto. A esto se llama efecto de «pasillo iluminado» y es muy favorable. Las casas cuya puerta principal da a parques o a solares vacíos normalmente obtienen grandes beneficios. La energía cósmica se puede acumular delante de la casa antes de entrar en ella, aportando energía fresca y vibrante dentro de la casa.

Posición de la puerta

Las puertas principales no deben estar colocadas frente a un terreno elevado. Cuando los perfiles

Colgar un espejo para reflejar un terreno elevado

El plano de esta habitación muestra dónde se debe colgar un espejo para reflejar una «montaña» de terreno elevado delante de la puerta principal.

Un espejo grande colgado de la pared posterior del salón refleja la «montaña» que se ve a través de la ventana, en la parte delantera.

Espejo

Puerta principal

Ventana

del terreno descienden suavemente, de manera que la parte posterior de la casa se encuentra más baja que la delantera, la situación es poco favorable, y genera energía desfavorable que obstaculiza el éxito. En este tipo de situaciones hay que cambiar la ubicación de la puerta principal, o en caso de que no sea posible, colgar un espejo bastante grande en la pared posterior para que refleje la montaña que está delante.

La puerta principal nunca debe estar colocada directamente debajo de un aseo situado en el piso superior. Es una ubicación muy desfavorable y los residentes que vivan dentro de una casa así tendrán mala salud. También encontrarán dificultades para lograr la prosperidad o el éxito. Una manera de solucionar este problema es colocar una luz potente dirigida hacia arriba, aunque, en todo caso, este remedio será sólo provisional.

Los ladrillos en el exterior de nuestra puerta entorpecen el éxito

25

Debemos asegurarnos de que la energía que fluye hacia nuestra casa nunca se ve entorpecida. Los obstáculos materiales se traducen fácilmente en dificultades que nos impiden disfrutar del éxito en cualquiera de nuestras empresas. Los muebles situados fuera de la puerta en balcones y patios no deben obstaculizar la puerta principal.

Un camino serpenteante hacia la puerta

Cualquier sendero o camino que conduzca hacia vuestra puerta principal debe ser curvo y, preferentemente, serpenteante. Un sendero recto que conduzca directamente hacia la casa introduce astillas de energía destructiva. La anchura de la senda debe ser constante, ni estrecharse hacia la casa ni tampoco lejos de ella. Resulta favorable colocar luces por el camino.

Un camino serpenteante hacia la puerta principal disipa la energía destructiva a lo largo del camino. Para potenciar más el flujo de energía positiva, colocad velas encendidas a lo largo de los bordes del camino.

Cómo dejar entrar en la casa sólo la energía favorable

26

Hay que mantener la puerta principal de nuestra casa en buen estado. Si las bisagras se aflojan debemos arreglarlas inmediatamente. Estos deterioros introducen energía nociva dentro de la casa y, junto con las grietas en las puertas de madera, o los cristales rotos, significan una pérdida en nuestra vida.

Dejar entrar la energía cósmica nueva

La puerta principal no debe estar frente a una pared que tenga un espejo colgado, pues aleja la buena suerte reflejándola. La energía cósmica nueva no puede entrar en la casa cuando se enfrenta a un espejo, lo cual significa que la energía del interior nunca se reaviva. A menudo esto produce enfermedades y depresiones a los residentes. La puerta principal no debe abrirse junto a un aseo o una escalera, o estar alineada con otras puertas dentro de la casa. Estas características transforman la buena energía en energía perjudicial.

Lo ideal es que la puerta de entrada de nuestra casa se abra a una entrada despejada y con luz, y que las puertas de las demás habitaciones no estén directamente enfrente de la puerta principal.

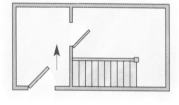

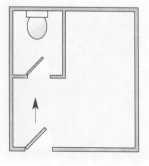

Si la puerta principal está enfrente de la puerta de un aseo, cualquier energía positiva nueva que pueda entrar en la casa se convertirá en energía tóxica.

27

Cómo atraer la energía yang a nuestra casa y evitar el exceso de energía yin

Permitir la entrada de la luz del día y el aire fresco en nuestra casa hace que ésta se llene con energía yang revitalizante.

Para que la puerta principal sea favorable, las zonas situadas en la parte interior y exterior de la misma deben estar bien iluminadas. Todas las casas necesitan ser henchidas de forma continua con energía nueva del Cosmos y el centro de la práctica del feng shui consiste en encauzar la energía cósmica hacia el interior de nuestras casas. La buena iluminación en la zona del recibidor, cerca de la puerta principal, atrae la energía cósmica.

Abrir puertas y ventanas

La energía cósmica puede ser yin o yang, y la energía cósmica yang del día es la que aporta los beneficios que deseamos para una vida favorable, más que la energía cósmica nocturna yin.

Una de las mejores maneras de garantizar un buen suministro de energía chi yang en todas las habitaciones de nuestra casa consiste en mantener las puertas y ventanas abiertas durante el día. Al menos debe haber un conducto principal de flujo para que la energía yang pueda penetrar en la

casa. Cuando el sol se pone, conviene cerrar todas las puertas, aunque mantener las ventanas abiertas un rato no resulta perjudicial, pues un poco de energía yin equilibra la energía yang recibida durante el día. Debemos asegurarnos siempre de que la energía de la casa nunca es excesivamente yin.

Aquellos que disfruten con el yoga y el aeróbic, dos ejercicios que se realizan con la respiración, obtendrán un beneficio mucho mayor durante las horas de luz del día. Es mucho más revitalizante inspirar energía yang que energía yin. Si no nos encontramos bien, es muy importante observar esta sencilla regla.

CONSEJOS SOBRE ENERGÍA

Inspirar energía yang

El yoga combina las posturas físicas con inspiraciones y espiraciones profundas a través de la nariz para que la sangre fluya alrededor del cuerpo con oxígeno, revitalizando así los órganos internos. El mejor momento para practicar yoga es durante el día –a primera hora de la mañana resulta ideal–, cuando inspiramos energía yang. La práctica del yoga reparador puede implicar que los ejercicios de respiración se hagan sentados, en una postura sencilla, con las piernas cruzadas.

Las imágenes hostiles atraen energía desfavorable 28

Tener imágenes tristes u hostiles colgando de las paredes de nuestra casa u oficina puede ocasionar mala suerte. La lista de imágenes potencialmente perniciosas es muy larga. Incluye las que contienen animales feroces, dolor y retratos con rostros serios o tristes. Éstas emanan energía hostil chi con mucha rapidez. Las imágenes viejas y mugrientas también aniquilan la energía, lo mismo que las que han estado colgadas en hogares desgraciados.

Elegir imágenes para conseguir energía chi positiva

Para determinar qué imágenes aportan energía negativa y cuáles no, es necesario confiar en la primera impresión. Por ejemplo, hay que considerar si los tonos de una imagen –el grado de luz y oscuridad– y sus colores mejoran o reducen nuestro estado de ánimo. Incluso las imágenes de objetos favorables pueden ser nocivas cuando están pintadas de una manera poco favorable.

Si os gusta el arte, debéis tener cuidado con los objetos de coleccionáis y colgáis dentro de vuestra casa. Aunque el arte es un asunto de preferencias personales, el hecho de adoptar una perspectiva feng shui puede evitaros introducir energía negativa en vuestras casas u oficinas, y hacer que elijáis imágenes que emanen energía positiva chi.

Una mezcla de imágenes oscuras crea energía negativa chi en una habitación que podría ser reavivada con la energía yang del sofá de color mandarina.

Un cuadro grande de un paisaje sereno con un río y un amplio trozo de cielo emana tranquilidad y energía chi positiva. Este efecto aumenta si se cuelga el cuadro en una pared despejada.

29 Evitad las imágenes de personas que provocan terror

Una imagen oscura de una película de terror tiene su propia energía negativa.

A la hora de colgar retratos –u otras imágenes de personas– en nuestra casa, hay que tener un cuidado especial con las connotaciones que tienen para nosotros. Los grabados o pinturas de artistas, personas famosas o históricas, y de nuestros antepasados, emanan su propia energía, por lo cual debemos considerar si ésta es positiva o negativa.

Hay que evitar colocar cuadros perturbadores. **NO** debéis tener en vuestras casas, bajo ninguna circunstancia, imágenes de rostros distorsionados, o las caras de demonios y villanos legendarios de cómics o de películas de terror. Si lo hacéis estaréis introduciendo energía negativa. A mí ni siquiera me gusta tener DVD o películas de terror en mi casa, y nunca dejo que mi hijo las vea, pues dejan una huella de energía negativa en la mente.

Colocar imágenes de personas felices y positivas

Hay que intentar colocar imágenes sólo de rostros felices en nuestra casa, o bien elegir retratos de personas que nos animen. Éstos emanan energía positiva. El mejor ejemplo de cuadros que animan son las imágenes sagradas como los retratos o pinturas de Jesús, la Virgen o Buda. Estas imágenes sagradas emanan una energía pura y hermosa que proporcionan a nuestro hogar serenidad revitalizadora y energía positiva chi.

30 La loza mellada trae mala suerte

No hay nada más molesto, o que traiga tan mala suerte, que beber café en una taza mellada o comer en un plato resquebrajado. Las matriarcas chinas consideran la porcelana dañada como un mal presagio, e independientemente de lo cara que sea la pieza, la tiran inmediatamente. Cuando bebemos de una taza mellada, o comemos de un plato picado, estamos introduciendo energía deteriorada en nuestro sistema. ¡La mala suerte, o la pérdida, se producen instantáneamente!

Si alguna vez os sirven té o café en una taza mellada no conviene beberlo, pues estaréis introduciendo mala suerte en vuestro interior. En ese caso, rechazad la bebida de una manera cortés.

Despejar las alacenas

Echad un vistazo detenidamente a vuestras alacenas y tirad cualquier taza, vaso, sopera o plato mellado o resquebrajado. Incluso si la resquebrajadura es pequeña, es mejor desechar la pieza. Esta limpieza es una excelente oportunidad de crear energía positiva chi. Conviene asegurarse de que el interior de las alacenas está libre de polvo, y colocar la vajilla y la cristalería impecables de una manera ordenada.

Al asegurarnos de que toda la loza de nuestra casa está en perfectas condiciones, estamos fomentando la buena suerte.

Cómo eliminar la energía yin de los muebles antiguos 31

Conviene pensárnoslo antes de colocar muebles antiguos en nuestra casa, especialmente dentro del dormitorio. Si dormimos sobre una cama antigua y vieja corremos el peligro de absorber, la energía que hayan dejado los ocupantes anteriores.

Si tenemos camas y cómodas antiguas, hay que limpiarlas bien con sal de roca o sal marina. De este modo conseguiremos eliminar todas las malas vibraciones que puedan estar adheridas a los muebles. Cuanto más dura es la madera más densa es, pudiendo contener energía negativa acumulada en la misma durante cientos de años.

La energía antigua puede ser positiva, pero si es mala, seguro que nos veremos afectados por ella. En cualquier caso, los muebles antiguos siempre tienen grandes cantidades de energía yin. Por ese motivo lo mejor es limpiarlos. Si todavía no lo hemos hecho, nunca es demasiado tarde. Debemos asegurarnos de limpiar las zonas exteriores, y también las interiores. También es aconsejable colocar un saquito de sal dentro de las cómodas antiguas.

Los muebles antiguos, por lo general exquisitamente fabricados, son objetos deseables en el hogar, siempre que hayan sido limpiados de la energía yin vieja y revitalizados con energía nueva yang. También es una idea excelente sacar los muebles al exterior durante tres días –pero no de manera directa bajo los rayos del sol, que puede estropearlos o decolorarlos– para que absorban energía cósmica yang.

Los muebles antiguos están llenos de energía yin, que hacen que nos quedemos dormidos sobre el escritorio. Hay que limpiarlos con sal de roca para que generen energía positiva yang y buena concentración mientras trabajamos.

CONSEJOS SOBRE ENERGÍA
Limpieza con sal de roca

Siempre hay que limpiar los muebles antiguos de la energía de otras personas. Para limpiar la energía antigua, y posiblemente negativa, hay que frotar suavemente la superficie con sal de roca. Mientras lo hacemos, debemos imaginarnos que la sal está retirando toda la energía negativa. Si ha entrado energía negativa en vuestra casa a través de muebles antiguos, notaréis cómo la tensión empieza a disolverse cuando los muebles estén limpios. Cualquier emoción nociva como hostilidad o ira disminuirá sensiblemente. Todas las personas que habiten en vuestra casa percibirán los beneficios positivos de este ritual de limpieza.

Capítulo dos

Los secretos de la energía feng shui

El hecho de tener grandes cantidades de energía positiva en nuestros hogares resulta fundamental para nuestro bienestar. Los niveles de energía se ven afectados por la combinación del yin y el yang, la inclusión de elementos positivos y el uso benéfico de los colores.

Debemos recordar siempre que la energía chi está, en todo momento, a nuestro alrededor y en nuestros hogares, por lo que es importante aprender a controlarla y hacer que resulte beneficiosa para nosotros. Ninguno de estos consejos es complicado. De hecho, los más valiosos sólo requieren la comprensión del poder positivo del espacio y la importancia de mantener las habitaciones principales despejadas del desorden de la vida diaria.

Debemos utilizarlos para mejorar la energía de nuestro hogar, y al mismo tiempo obtendremos una base sólida sobre la que construir el resto de nuestro conocimiento feng shui.

Personas con energía positiva viven en casas con energía positiva 32

Los hogares con buena energía son aquellos en los que el espacio en sí y todo en ellos, incluyendo las personas que lo ocupan, emanan energía equilibrada y vibrante. El feng shui ofrece unas normas para crear esta armonía de energía espacial y humana, y para asegurar una buena mezcla de energía masculina y femenina.

Equilibrar la energía de nuestra casa

Es conveniente lograr una armonía entre el yin y el yang, la energía femenina y masculina en nuestros hogares. El secreto está en comprender la esencia del yin y el yang, pues la armonía no se basa necesariamente en cantidades iguales de ambas. Para tener vitalidad, actividad y éxito en nuestros proyectos, necesitamos energía yang, pero para el resto, la espiritualidad y el poder interior, necesitamos la energía yin. Un hogar con buena energía refleja este equilibrio entre el yin y el yang.

Los efectos de un exceso de energía yin

Como regla general, no debe haber un exceso de símbolos yin en la casa. Esto ocurre cuando el esquema del color y la decoración parecen notablemente femeninos, con un uso excesivo de todos los colores yin, que suelen ser oscuros, apagados y fríos. Esto no potencia el crecimiento ni el desa-

rrollo. Por este motivo, hay que evitar colocar pinturas de colores oscuros y poca iluminación por toda la casa. Las habitaciones no deben ser demasiado frías, y no debe haber una ausencia completa de sonidos y música. Cuando domina la energía yin, se anula la preciosa energía yang. Las casas con un exceso de energía yin también sufren bastante de una falta de esencia masculina.

Si las mujeres ocupan una casa o apartamento de este tipo, encontrarán difícil tener una relación exitosa con un hombre. En caso de que vivan ahí hombres, encontrarán dificultades a la hora de comenzar sus proyectos. El éxito puede ser difícil de conseguir. Cuando existe un desequilibrio entre el yin y el yang, la vida social no existe. Y cuando un matrimonio ocupa una casa con una energía desequilibrada, existen menos posibilidades de éxito y de oportunidades porque el feng shui está descompensado.

Los hogares con energía positiva suelen contener un montón de elementos yang, como colores vibrantes, sonidos alegres y una calidez adecuada.

La energía yin puede ser apaciguadora especialmente en un dormitorio donde los colores pálidos yin se utilizan para proporcionar tranquilidad. Sin embargo, el efecto puede ser excesivamente femenino.

33 El secreto de los cinco elementos

Uno de los grandes secretos del feng shui en los días anteriores a que se convirtiera en una palabra relacionada con los hogares, era el principio de los cinco elementos: agua, madera, fuego, tierra y metal. Éstos gobiernan muchos de los principios del feng shui. En la actualidad, la teoría de los cinco elementos ya no es ningún secreto y la conocen muchas personas que siguen las ciencias esotéricas, como el feng shui, la adivinación, las artes culturales como el kung fu y el taichi, así como la medicina tradicional china.

Todas estas prácticas estaban basadas en la aplicación correcta de la teoría de los cinco elementos. La simplicidad de esta teoría reside en la creencia de que literalmente todo en el Universo –desde los olores y los sabores hasta los colores, las formas, los números, las notas musicales, los trigramas, los símbolos, las estaciones, las partes y órganos del cuerpo, y muchas cosas más– pertenecen a alguno de los cinco elementos.

Cómo armonizar la energía en nuestros hogares

El hecho de valorar cada objeto de nuestro hogar, de acuerdo con el elemento agua, madera, fuego, tierra o metal al que pertenezca, nos permitirá percibir qué elementos dominan en nuestros hogares. Es la clave para valorar la armonía de la energía en nuestro hogar. Si queremos crear un feng shui favorable dentro de la energía de nuestro espacio vital, el primer paso es comprender los ciclos y atributos de los cinco elementos. Incluso las personas –según su fecha de nacimiento y su género– se pueden definir según estos elementos.

El ciclo de los cinco elementos

El hecho de valorar el modo en que están representados los cinco elementos en nuestra casa nos sirve para comprender su energía. Los atributos de los cinco elementos se equilibran entre sí, tal como se muestra abajo.

El elemento del agua

El elemento del metal

El elemento de la madera

El elemento de la tierra

El elemento del fuego

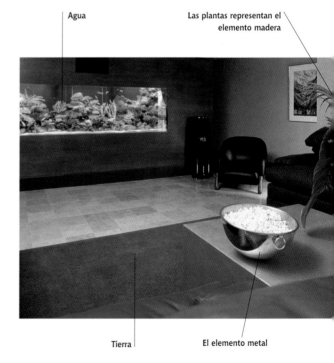

Agua

Las plantas representan el elemento madera

Tierra

El elemento metal

Cómo utilizar los colores del elemento adecuado en las habitaciones principales

34

El color es una de las maneras más fáciles de introducir energía armoniosa en nuestro espacio vital. Podemos aumentar el poder del feng shui en nuestra casa utilizando el «Pa Kua del Cielo Posterior». Casi todas las fórmulas yang de feng shui dependen de esta disposición de trigramas con ocho lados. Reflejan las ocho orientaciones de la brújula, así como su elemento y trigrama correspondiente. A partir de estos dos atributos –elemento y trigrama– se pueden asignar diferentes colores a cada parte de la casa. «El «Pa Kua» también sirve para utilizar las combinaciones de colores más eficaces para fomentar la energía en las habitaciones más importantes de nuestra casa.

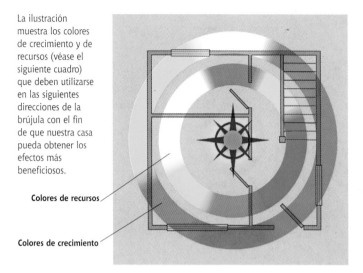

La ilustración muestra los colores de crecimiento y de recursos (véase el siguiente cuadro) que deben utilizarse en las siguientes direcciones de la brújula con el fin de que nuestra casa pueda obtener los efectos más beneficiosos.

Colores de recursos

Colores de crecimiento

Utilizar la brújula

Hay que situarse en el centro de la habitación y utilizar una brújula para hallar la orientación. Imaginando nuestra casa como un espacio grande, podemos colocar mentalmente las habitaciones diferentes de la casa dentro de los sectores que equivalen a las orientaciones particulares.

Las habitaciones más importantes de la casa son el dormitorio, la zona del recibidor donde está la puerta principal, el comedor, la cocina, la zona de trabajo y estudio y el salón. Según nuestro estilo de vida, diferentes habitaciones tendrán diversas connotaciones para nosotros, por lo que también debemos actuar de acuerdo con nuestros sentimientos al resaltar las habitaciones. Por ejemplo, si trabajamos en casa y nos pasamos gran parte del día en la zona de trabajo/estudio, ésta será muy importante para nosotros.

Tabla de elementos y colores para diferentes localizaciones de habitaciones

Localización de la habitación	Elemento de la habitación	Yin o yang	Tono del color	Color de crecimiento	Color de recurso	Color destructivo	Color agotador
Norte	AGUA	Yang	Oscuro	**BLANCO**	**AZUL**	AMARILLO	VERDE
Sur	FUEGO	Yin	Claro	**MARRÓN**	**ROJO**	BLANCO	TIERRA
Este	MADERA	Yang	Oscuro	**AZUL**	**VERDE**	BLANCO	ROJO
Oeste	METAL	Yin	Claro	**AMARILLO**	**BLANCO**	ROJO	AMARILLO
CENTRO	TIERRA			**ROJO**	**AMARILLO**	VERDE	BLANCO
Sudeste	MADERA	Yin	Claro	**AZUL**	**VERDE**	BLANCO	ROJO
Noroeste	METAL	Yang	Oscuro	**AMARILLO**	**BLANCO**	ROJO	AMARILLO
Suroeste	TIERRA	Yin	Claro	**ROJO**	**AMARILLO**	VERDE	BLANCO
Nordeste	TIERRA	Yang	Oscuro	**ROJO**	**AMARILLO**	VERDE	BLANCO

Matices de colores yin y yang

Para fomentar la energía en las habitaciones importantes de nuestra casa con la terapia del color, debemos ser conscientes del yang y el yin. Cuanto más blanco añadamos al color más se convierte en yang y cuanto más oscuro sea el matiz, más yin será. Debemos utilizar la tabla reproducida arriba para elegir el esquema de color general para cada habitación, y decidir los matices particulares.

35 Captad los choques de elementos en las habitaciones

Cuando los tonos brillantes yang dominan en una habitación, hay que colocar algunos toques de tonos yin más oscuros para conseguir un equilibrio armonioso de la energía.

Es aconsejable tomar nota de los colores destructivos y adversos que reducen la energía de una habitación. Los colores adversos crean choques de elementos que hacen que la energía se vuelva inestable y débil, y se convierta en negativa. El modo de averiguar si el esquema de colores de una habitación choca con su energía intrínseca es revisar la tabla de los elementos y colores para diferentes localizaciones de habitaciones *(véase el Consejo 34)*. De este modo podremos determinar qué colores y combinaciones de colores conviene evitar.

Los colores que chocan entre sí, ya sea en las paredes, cortinas o alfombras, en habitaciones principales son perjudiciales. Cuando los colores no están en armonía, lo mejor es renovar la habitación; instantáneamente percibiremos la diferencia de energía.

Los colores que chocan entre sí perturban la energía de una habitación, alterándola de tal manera que resulta nociva.

En esta habitación de elemento tierra con carácter yang, los muebles cálidos de color crema logran equilibrar las paredes de color rojo oscuro.

Utilizar la terapia del color

Es fácil desarrollar la terapia del color en feng shui, pero conviene tomar nota de las habitaciones que tienen que ser más oscuras o claras. Al desarrollar la sensibilidad hacia los tonos de los colores, averiguaremos su naturaleza yin o yang.

Algunas veces podemos tener los colores adecuados y seguir manteniendo una esencia yin y yang inadecuada. Con el fin de crear la energía más favorable para la habitación, conviene prestar a los tonos de los colores la misma atención que a los propios colores. Por ejemplo, existen muchos tonos y matices de rojo, y resulta fundamental utilizar el adecuado a la hora de crear un esquema, por ejemplo, para un dormitorio. En este caso, dado que el color del dormitorio no debe ser dominante, se puede rebajar el tono de rojo, si es necesario.

Al mismo tiempo, conviene pensar en los colores que complementan el carácter yin o yang de la habitación. Hay que recordar que, cuando la habitación es yin, conviene crear un equilibrio, incorporando tonos yang, y viceversa.

Tres combinaciones de colores excepcionales 36

Al igual que pensamos en el elemento color, debemos pensar en cómo utilizar algunas de las combinaciones de colores especiales. Éstas radican fuera del análisis estándar del elemento del color pero son beneficiosas por otras razones. Las siguientes combinaciones de colores se recomiendan como favorables.

Negro y blanco

La quintaesencia del símbolo yin y yang es la combinación de negro y blanco. El negro es yin y el blanco es yang, de modo que la combinación de estos dos colores es la expresión del Universo perfecto en el que todo está perfectamente equilibrado. De este modo, en contraposición a cierta filosofía convencional, la decoración en negro y blanco tiene un feng shui muy bueno. Estos colores son muy populares entre las personas que prefieren el estilo de decoración minimalista. ¡Lo mínimo puede ser muy favorable!

Rojo y dorado

Esta combinación posee atributos imperiales. El rojo es el color más favorable de todos. Sus cualidades de fuerza y buena suerte reflejan su esencia yang y se cree que simboliza la energía que fluye hacia arriba y que representa el elemento fuego. El rojo está considerado como un color de suerte, muy indicado para todas las ocasiones «felices», celebraciones y festividades. De modo que todos los rincones de la casa pueden beneficiarse de este color. Conviene utilizar el rojo con precaución en los dormitorios, aunque, a menos que se suavice un poco el tono, puede ser demasiado yang para dormir.

Cuando se añade el color dorado al rojo, la combinación proporciona salvaguarda protectora. El rojo y el oro es una combinación de colores muy especial y segura. Tiene el poder de superar toda la energía negativa tangible que ocasionan las aflicciones anuales y las estrellas voladoras malévolas. El rojo y el dorado también son los colores cardinales que actúan como remedios en feng shui.

Morado y plateado

Es la combinación que atrae el dinero y aumenta los beneficios, y es muy popular entre las personas que conocen el dialecto cantonés. Cuando las palabras morado y plata están juntas, en cantonés su pronunciación suena como «ngan chee», o dinero. El morado también es el color de la estrella de la consecución y el color de la riqueza. La plata, al ser un metal, produce agua de color morado. Al ser un símbolo de la riqueza, ha fomentado la popularidad de esta combinación de colores, especialmente adecuada para las habitaciones que dan al noroeste.

La combinación de rojo y dorado, con su carácter yang, fomenta la reactivación de la energía en nuestras casas y las protege contra la energía nociva.

El morado y el color plata se combinan para atraer la riqueza.

37 Cómo averiguar el significado de las formas

Existen cinco formas básicas que influyen en la energía de los espacios y éstas surgen de las asociaciones de su elemento.

- La forma **redonda** es muy popular, pues significa el oro (elemento metal).

- La forma **cuadrada** representa las relaciones y la unidad familiar (elemento tierra).

- La forma **rectangular** significa la energía de crecimiento (elemento madera).

- La forma **triangular** significa el movimiento hacia arriba (elemento fuego).

- La forma **curva** representa la fluidez (elemento agua).

Cuando pensamos en formas, debemos considerar la disposición de nuestra casa, así como la forma de las habitaciones individuales. Con el fin de lograr una simetría de la energía, el feng shui siempre favorece las formas regulares frente a las irregulares. La simetría y el equilibrio son conceptos centrales en feng shui, de manera que el hecho de que una forma sea irregular implica que está incompleta. Así, un cuadrado completo es mejor que uno al que le falte una esquina. Los rectángulos bien proporcionados son preferibles a los que son muy estrechos, que también sugieren que les falta una parte.

Un círculo completo es preferible a medio círculo, y por eso las ventanas que sobresalen son poco recomendables. Las pequeñas irregularidades en las esquinas de las habitaciones originan irregularidades en la suerte. El «Pa Kua» –y el octágono– también se considera una forma favorable, especialmente cuando se utiliza para las mesas de comedor y de café.

Conviene pintar las paredes resaltando su uniformidad. Las paredes **rectangulares**, más altas que anchas –sin ser incompletas–, son muy beneficiosas en los ángulos este y sudeste de la casa, puesto que significa crecimiento y éxito. El rectángulo es la forma del elemento madera y ésta sugiere la primavera, la estación del crecimiento.

Las formas perfectamente **cuadradas**, que pertenecen al elemento tierra, son ideales para el comedor y la mesa del comedor, puesto que el elemento tierra no sólo refleja la estabilidad de la energía básica, sino que también representa a la madre. La energía del cuadrado está equilibrada y favorece una armonía familiar duradera.

Las formas **redondas** representan el elemento metal y están indicadas para el oeste y el noroeste. Un círculo pintado en una pared que da al noroeste da buena suerte al cabeza de familia. Si queremos que sea un símbolo de buena suerte, debemos pintarla de dorado. No debe ser muy grande, pues la forma redonda puede ser demasiado intensa.

Cómo conseguir lo mejor con la disposición de nuestra casa

Aunque las formas regulares tienen mejor feng shui, muchas casas tienen algunas irregularidades –como una esquina achatada o una ventana que sobresale–. Sin embargo, podemos hacer mucho para fomentar la energía armoniosa en nuestros hogares incorporando formas regulares favorables, siempre que nos sea posible.

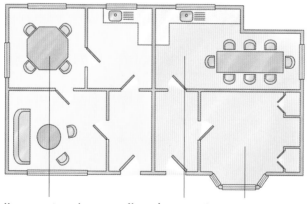

Una mesa octogonal en una habitación cuadrada resulta ideal.

Una cocina con orientación noroeste y esquinas achatadas es poco favorable.

Las ventanas que sobresalen y los armarios empotrados tienen formas desfavorables.

Mantened las habitaciones limpias y despejadas 38

Los espacios habitados tienden a estar desordenados. Es como si el acto de vivir generara un caos instantáneo. Observad la habitación del hotel antes de entrar, y después cómo está el día siguiente de habitarla y os daréis cuenta de lo fácil que resulta que el espacio se llene del desorden.

Quitar los obstáculos

La buena energía de una habitación se va destruyendo insidiosamente, según se va acumulando ese tipo de desorden. Por esta razón, animo a todo el mundo a que construya espacio suficiente en sus hogares para guardar cosas, y a desarrollar hábitos de «limpieza y orden». Esto resulta fundamental, porque el desorden genera obstáculos instantáneos. Impide el flujo de energía en el espacio vital, sin que nos demos cuenta. Si el rincón que se está llenando de periódicos y revistas resulta que es un ángulo importante desde el punto de vista feng shui –quizá tiene todas las estrellas favorables para el año– o si el espacio que está atiborrado de trastos que no queremos crea un «canal» importante de la casa, el efecto sobre vuestro bienestar puede ser negativo.

Despejar el espacio de trabajo

He llevado a cabo varias consultas en las cuales el único problema que estaba obstaculizando la suerte de mis clientes era un increíble montón de desorden en su espacio de trabajo. En cuanto les dije que debían despejar la habitación para dejar entrar energía positiva nueva, inmediatamente experimentaron mejor suerte. Por este motivo, debemos estar alerta frente al desorden, y despejarlo de manera periódica antes de que se acumule.

Un espacio de trabajo limpio y ordenado permite el flujo de energía nueva. Si dejáis que vuestra zona de trabajo vaya acumulando desorden, la energía revitalizadora quedará obstaculizada.

CONSEJOS SOBRE ENERGÍA

Limpieza semanal

Debemos asegurarnos de que no se acumula el desorden en nuestra casa, y limpiarla todas las semanas. Los culpables habituales son los periódicos y revistas, así como los zapatos. Hay que colocar en su sitio los zapatos y tirar los periódicos a la basura.

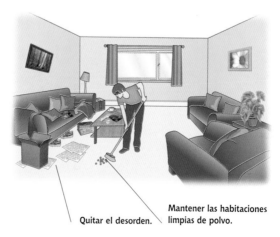

Quitar el desorden.

Mantener las habitaciones limpias de polvo.

39 Cread espacio en los lugares adecuados

El primer paso para crear un lugar armonioso en el que vivir es definir el propio espacio, de manera que la energía chi pueda fluir libre de obstáculos en el hogar y se pueda establecer y acumular en las zonas favorables. Debéis crear las mejores rutas y lugares de descanso para que la energía pueda circular y acumularse. Si nuestra casa está llena de muebles, el simple hecho de retirar uno de ellos puede comportar una gran diferencia.

Conviene empezar por hacer inventario de la disposición general de armarios, sillas y mesas de nuestro espacio vital. Este esquema nos permitirá

El hecho de separar los objetos concienzudamente en nuestro espacio vital hace que la energía chi disponga de espacios de descanso y rutas a través de las cuales poder circular libre de obstáculos.

ver cómo se pueden beneficiar las habitaciones del hecho de contar con parte del espacio libre, con el fin de fomentar que la buena suerte se establezca en los lugares adecuados de la casa.

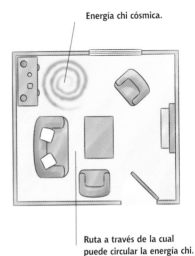

Energía chi cósmica.

Ruta a través de la cual puede circular la energía chi.

En un salón, la energía chi se acumula en un espacio vacío, en forma diagonal desde la puerta, antes de fluir hacia otras partes del espacio vital.

Atraer la energía chi cósmica

Con gran frecuencia, el mejor lugar para crear espacios vacíos para que se pueda establecer la energía chi está en el fondo de una habitación. Por ejemplo, en la zona del salón, el mejor lugar para que pueda acumularse el chi es el ángulo diagonalmente opuesto a la puerta de entrada. Ésta es una esquina favorable, de modo que la energía chi que se establece en ella antes de circular hacia otros lugares de la casa también será favorable. Con el fin de potenciar la esquina más que despejarla, debemos colocar un objeto en ella que nos dé suerte. La energía chi cósmica responderá positivamente ante su presencia.

Cómo colocar los muebles para crear un flujo de energía chi   40

Crear «caminos para el chi» es igual de importante que contar con oasis de chi favorable en las diferentes habitaciones de nuestra casa. Los caminos del chi son canales de energía invisibles que se crean con la colocación estratégica de los muebles.

El flujo de chi dentro del hogar debe ser ondulante porque el chi que se desplaza lentamente suele ser más favorable que el que circula con gran rapidez. Dentro de la casa, independientemente de lo pequeño que sea el espacio, debemos intentar crear «caminos» con la vista. El chi casi siempre sigue las mismas rutas que toma la gente cuando camina por la casa, de modo que estos caminos son fáciles de visualizar.

Evitar los obstáculos

Debéis pensar en los caminos del chi cuando vayáis a colocar los muebles. Si los colocáis sin dejar espacio para que se forme un flujo de chi ondulante, os perderéis la energía armoniosa y la suerte que puede traer. Quizá, lo que es peor, podéis haber colocado un obstáculo en vuestro camino del éxito, de modo que os encontréis en un callejón sin salida.

El modo ideal de colocar los muebles es hacerlo vigilando que la energía pueda fluir libremente de una habitación a otra, sin que nuestra vista se dé cuenta de ello.

Observa los cambios de energía chi en tu espacio vital. Sé consciente de cómo la energía chi entra en una habitación y cómo se mueve hacia otras. Tal vez necesites dejar las puertas abiertas para fomentar su movimiento.

Cuanto más espaciosa sea nuestra casa, más fácil nos será crear caminos para la energía chi. Sin embargo, incluso en el espacio vital más pequeño es importante que haya rutas por las que la energía chi pueda circular con libertad alrededor de los muebles y de una habitación a otra.

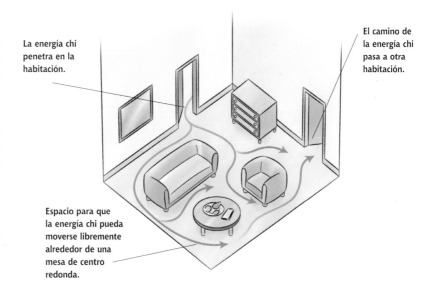

La energía chi penetra en la habitación.

El camino de la energía chi pasa a otra habitación.

Espacio para que la energía chi pueda moverse libremente alrededor de una mesa de centro redonda.

41   La disposición de las habitaciones y el flujo de energía

El uso que se les da a las habitaciones y el lugar que ocupan en la disposición general también tiene un gran efecto sobre el modo en que fluye y se establece la energía en casa. Para lograr el mejor feng shui de nuestro hogar, debemos asegurarnos de que las habitaciones «con mucho uso» no estén situadas en un rincón de la casa, y que las demás partes de la misma están vacías o sin utilizar.

La clave para lograr un buen feng shui es asegurarse de que la energía fluya a través de toda la casa y no sólo por determinados rincones muy utilizados. Si hay una habitación, o varias, que se usan poco, hay que pensar en el modo de hacer ese espacio más acogedor y funcional.

Un salón con cocina integrada tiene zonas donde cocinar, comer y sentarse. Esta disposición consigue un buen equilibrio de energía en todo el espacio, sin que ninguna zona quede relegada.

42   Disponed una habitación como un santuario privado

Conviene trazar una línea divisoria entre las zonas públicas y las privadas de nuestra casa. Independientemente del tamaño, conviene delimitar una zona o zonas especiales que permanezcan fuera del alcance de las visitas. El santuario interior de una casa es donde la energía puede ser un poco más yin. En este caso, con ayuda de la energía yin, se puede acumular la «riqueza» de la casa.

Proteger nuestra riqueza

Uno de los secretos de feng shui más potentes es un espacio privado en el hogar, donde se mantiene el jarrón de riqueza de la familia, entre otros símbolos que mejoran el feng shui. Este espacio privado suele ser una zona o habitación interior, situada en el piso más alto de la casa, donde no lleguen las visitas. Este tipo de habitación en el hogar –se puede destinar vuestro dormitorio a santuario interior, en caso de que no haya otro espacio adecuado– es donde se puede crear un altar. Puede ser para vosotros o para vuestra familia, y constituye un lugar sagrado para los objetos que proporcionan buena suerte y que tienen connotaciones alegres.

Mantened dinámica la energía de las habitaciones de año en año

43

Durante mis años en Hong Kong, cuando me codeaba con muchas de las familias que entonces eran las más ricas de la colonia y con sus matriarcas, aprendí otro «secreto» de los practicantes taoístas de más éxito. Cada año, antes de que comience el año nuevo lunar, trae buena suerte colocar un mueble nuevo, o un objeto grande de los que aumentan la energía, como un juego nuevo de Fuk Luk Sau, un nuevo Dios de la riqueza o un nuevo jarrón, cualquier cosa que se note y que afecte a la energía chi de la habitación.

Desechar lo viejo y dar paso a lo nuevo

Esta introducción de una nueva pieza de firma debe venir acompañada de la retirada de otra pieza. Podría ser un sofá o una mesa viejos, una figura o un florero anticuados.

El acto de introducir un objeto nuevo y de deshacerse de otro viejo hace que la energía chi sea «rellenada» simbólicamente. De esta manera, la energía de la habitación se renueva de año en año.

Desde finales de la década de 1980 he estado llevando a cabo una política de «desechar lo viejo y dar paso a lo nuevo» con bastante éxito. Creo firmemente que esto es lo que ha hecho que mi casa «crezca» literalmente ante mi vista. ¡Cada año es más grande! Recuerdo los primeros años, cuando llegué a vivir a mi casa, después de regresar de Hong Kong, que era una casa pequeña y humilde.

El nuevo objeto que introducimos en nuestra casa no tiene por qué ser caro. Puede ser un simple cuenco de una forma y color que mejore la energía de la habitación.

Hoy día, después de muchos años de renovación, mi casa es grande, resplandeciente y espaciosa, unas ocho veces más.

Capítulo tres
Avivad vuestros espacios vitales

Cuando hayamos logrado lo básico, podemos preparar cada habitación para que se beneficie con la mayor eficacia de los remedios feng shui.

Cada parte de la casa –desde el jardín hasta la puerta delantera, y las que dan paso a las habitaciones– puede ser mejorada con remedios feng shui. El agua, la luz y los guardianes simbólicos desempeñan un papel a la hora de potenciar la energía, mientras que la disposición favorable de los muebles y objetos de decoración despejarán los caminos y cargarán la naturaleza positiva del chi.

El hecho de aprender los secretos del modo de reavivar el chi de una sala de estar, mientras convertimos nuestro dormitorio en un santuario apacible, nos dará la oportunidad de convertir nuestra casa en un refugio frente a los problemas del mundo.

Potenciad la puerta principal 44

La puerta principal de vuestra casa es el lugar donde la poderosa energía cósmica de nuestro entorno exterior conecta con la casa y penetra en ella. Todas las otras puertas, entradas y salidas, son conductos secundarios de la energía chi. Es muy beneficioso prestar una atención especial a la puerta principal de nuestra casa si queremos disfrutar de un feng shui constantemente bueno.

Proteger y potenciar nuestra entrada

Si bien hay muchas maneras de fomentar que la buena energía chi penetre por la puerta principal de nuestra casa, todas ellas pueden resumirse en dos palabras: «proteger» y «fomentar». Y lo que es más importante, mantener las zonas del recibidor, por la parte interior y exterior, bien iluminadas. Si podemos, también resulta beneficioso exhibir imágenes favorables en las proximidades de la puerta, con el fin de potenciarla.

El biombo tradicional

En la antigüedad, los chinos ricos solían colocar un biombo de unos tres metros desde la puerta, de cara a la misma. En este biombo colocaban imágenes de criaturas favorables, como dioses de la riqueza, los nueve dragones, o peonías de color rojo vivo de los ocho inmortales. Se creía que todas estas imágenes favorables atraían de una manera continuada la energía cósmica chi nueva hacia el interior de la casa.

Podemos utilizar la esencia de este método en las proximidades de nuestra puerta principal, quizás incluyendo características favorables en un jardín delantero. Para encontrar algunas ideas, consulta el plano de al lado.

Las puertas principales de viviendas y oficinas necesitan entradas con mucha iluminación para crear feng shui de buena suerte.

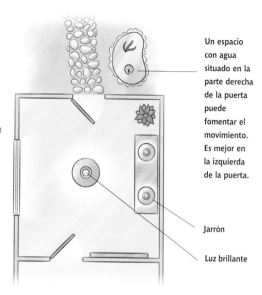

• El agua es un elemento fuertemente vigorizador en los jardines delanteros.
• Los jarrones crean paz y armonía en una mesa lateral despejada.
• Las luces brillantes fomentan la entrada en la casa de un flujo de buena energía chi.

Un espacio con agua situado en la parte derecha de la puerta puede fomentar el movimiento. Es mejor en la izquierda de la puerta.

Jarrón

Luz brillante

45

Alimentad con agua la energía de crecimiento en las puertas principales

El agua dentro de un espacio vital resulta muy favorable.

Una de las maneras más potentes de fomentar la energía de nuestra puerta principal para animar a la energía cósmica revitalizadora a que entre en nuestra casa es colocar agua cerca. La presencia del agua, bien en el interior o en el exterior de la casa, fomenta la energía de crecimiento. En el lenguaje feng shui, la palabra «crecimiento» se utiliza para describir el ingrediente vital que aporta buena fortuna eterna.

¿Por dentro o por fuera de la puerta?

Si vivís en una casa con jardín, es buena idea construir un estanque excavado en el suelo, justo fuera de la puerta principal. El agua en esa zona crea una magnífica buena fortuna que abarca a los habitantes de la casa. Lo ideal es un estanque de alrededor de un metro de profundidad. Conviene utilizar un filtro para ase-

gurarnos de que el agua se mantiene limpia en todo momento. En ese caso, aportará riqueza y abundancia a la casa. Podéis tener peces o plantas en el estanque.

El agua en las casas

Si vivís en un piso, averiguad si es posible colocar un recipiente con agua nada más entrar, junto a la puerta principal. Hay que colocarlo de manera que esté frente a la puerta, a una distancia de unos tres metros. Para lograr que la energía fluya del mejor modo posible, debe estar, preferentemente, a la derecha de la puerta cuando entramos desde el exterior. Si el piso es pequeño, conviene utilizar un recipiente de agua pequeño, como la catarata de seis niveles con tres «picos» que he diseñado para este propósito. Otra posibilidad muy eficaz es colocar un jarrón lleno de agua potable.

CONSEJOS SOBRE ENERGÍA

Dónde colocar el agua

Podemos colocar el recipiente de agua en el interior o exterior de una puerta principal. No es necesario disponer de una fuente muy elaborada, sino que sirve perfectamente un recipiente con agua.

Los baños para los pájaros también tienen buen feng sui, pero deben estar situados a la izquierda de la puerta principal cuando estamos de pie en el umbral mirando hacia fuera, ¡pues de otro modo pueden causar infidelidad!

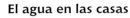

Cread energía positiva a ambos lados de la puerta 46

Crear una acumulación de energía positiva a ambos lados de la puerta principal resulta increíblemente beneficioso. Es necesario mantener las zonas del recibidor, por dentro y por fuera de la puerta, despejadas de desorden y limpias en todo momento. Si la puerta, o cualquier objeto que esté en los alrededores, se rompe, se estropea o empieza a desportillarse, hay que arreglarlo o volver a pintarlo inmediatamente. La presencia de agua cerca es excelente, pero con el fin de mejorar aún más la energía positiva conviene colocar los guardianes protectores de bronce o cerámica cerca de la puerta principal. También se consigue energía revitalizadora colocando plantas vivas en macetas junto a la puerta.

Energía de los cinco elementos

El objeto es crear un estanque con energía de los cinco elementos, ya que la presencia de los cinco elementos simboliza un universo de energía posi-

tiva. De este modo, el agua aporta un flujo de riqueza; el fuego atrae el éxito y el reconocimiento; el metal, protección y fuerza; la tierra, buena suerte; la madera, crecimiento y expansión. Debéis utilizar vuestra creatividad para esforzaros en construir este estanque con energía de los cinco elementos, tanto por dentro como por fuera de la puerta.

Algo tan sencillo como un cuenco con jacintos aporta a un determinado espacio los elementos de tierra (la tierra) y madera (los bulbos en flor). También se puede poner un recipiente de metal para tener el tercer elemento.

Si tenéis cristaleras que se abren directamente desde el salón hacia el jardín, debéis tener en cuenta lo que está justo en el exterior de las puertas. Las plantas muertas o el desorden en la zona exterior afecta al feng shui del interior, por lo cual hay que mantener las dos zonas limpias y pulcras.

47 Puertas secundarias que apoyan a la puerta principal

Si bien hay que centrar la atención en la puerta principal, no se deben olvidar las puertas secundarias que permiten también la entrada en casa. Las mejores son las que «apoyan» a la puerta principal.

Los pisos normalmente tienen dos puertas de entrada como máximo: la puerta principal y una puerta trasera. Sin embargo, las casas pueden tener varias puertas secundarias, además de otras más que se abren desde la casa y dan al garaje, o puertas correderas que se abren al jardín. Conviene colocar las puertas secundarias al noroeste, o que mi-

Puerta principal   Puerta secundaria

ren hacia esa dirección, donde atraerán buena suerte potente hacia vuestra casa desde el cielo.

Potenciar la energía de la puerta principal

La situación de la puerta secundaria debe apoyar la energía de la puerta principal. Por ejemplo, si la puerta principal está situada al sur, una puerta secundaria colocada al este o al sudeste reforzaría la puerta principal considerablemente, aportando buena suerte. Sin embargo, una puerta secundaria colocada al norte debilitaría la energía de la fuerza principal, incluso aunque hayamos seguido las normas del buen feng shui en las proximidades.

Para averiguar cuál es la mejor posición para las puertas principales en relación con la puerta principal, hay que consultar el cuadro de al lado.

¿Qué es una puerta secundaria?

Una puerta secundaria es cualquier puerta desde la cual es posible salir desde el edificio principal de la casa. Entre las puertas secundarias están aquellas por las que se accede a los garajes, patios o jardines. Incluso aunque estas puertas secundarias se utilicen con poca frecuencia, siguen teniendo una gran repercusión en el feng shui de nuestras casas.

Algunas viviendas tienen puertas secundarias en la parte principal de la casa. La puerta secundaria es la que tiene que utilizar con menor frecuencia.

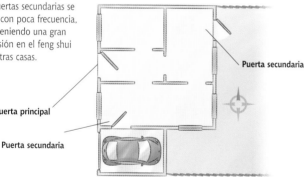

Puerta secundaria

Puerta principal

Puerta secundaria

Comprobar la situación de nuestras puertas

Situación de la puerta principal	Puerta secundaria beneficiosa	Puerta secundaria nociva
NORTE	NOROESTE, OESTE	SUROESTE, NORDESTE
SUR	SUDESTE, ESTE	NORTE
ESTE	NORTE	NOROESTE, OESTE
OESTE	SUROESTE, NORDESTE	SUR
SUROESTE	SUR	SUDESTE, ESTE
SUDESTE	NORTE	NOROESTE, OESTE
NOROESTE	SUROESTE, NORDESTE	SUR
NORDESTE	SUR	SUDESTE, ESTE

Mantened la puerta de entrada llena de energía 48

Crear buena energía alrededor de la puerta principal y en sus proximidades es el primer paso para conseguir que sólo entre en casa la energía positiva. Asimismo, resulta beneficioso seguir la pista a las pautas cambiantes de la energía que afectan a la puerta principal de un año para otro. Normalmente, la presencia de la energía del metal junto a guardianes celestiales, como un Chi Lin de bronce o perros Fu de bronce, flanqueando la puerta, representa una buena protección contra las energías aflictivas. También es conveniente colocar «remedios» o curas en las proximidades de la puerta principal, para garantizar la protección del buen feng shui de un año para otro.

Fomentar la buena suerte

Hay que utilizar una brújula para situar la dirección de la puerta principal, y después revisar la energía de esta ubicación para el año siguiente (siempre podemos encontrar información actualizada en www.wofs.com, donde también hay un análisis de los cambios anuales de las pautas de la energía que afectan a nuestra puerta principal).

Por ejemplo, en 2007, disfrutaremos de buena suerte si nuestra puerta principal está situada al suroeste, y podemos estimular la energía chi de la puerta con luces muy brillantes para resaltar la energía de la tierra intrínseca del lugar en esa ubicación.

Evitar la mala suerte

Si nuestra puerta principal está situada al noroeste, podemos colocar un remedio especial que se conoce como «arma de seis anillos del Ksitigarbha».

Este remedio disminuirá toda la energía problemática que aporta una estrella funesta hacia el noroeste en el año 2007. Dado que estas aflicciones son diferentes de un año para otro, la manera más fácil de garantizar que las energías que se encuentran en las proximidades de nuestra puerta principal son beneficiosas es comprobar la actualización anual de la energía durante los meses de enero y febrero. Estas energías cambian al comienzo del año nuevo lunar, el 4 de febrero todos los años.

Un perro Fu de bronce flanqueando la entrada principal actúa como un guardián frente a la energía nociva.

49 Colocad guardianes de puerta simbólicos

Una de las maneras más fáciles de proteger nuestra puerta principal contra energías negativas tangibles e intangibles es hacer lo mismo que los chinos: colocar guardianes celestiales a ambos lados de la puerta principal. Este gesto simbólico es muy frecuente entre los chinos y forma parte de su tradición cultural.

El hecho de tener guardianes celestiales fuera de la entrada principal es una excelente protección contra las malas personas, los malos espíritus y la mala suerte. Es una de las prácticas más potentes del feng shui. Lo más importante de todo es la protección contra las malas personas, que podrían atraer energía funesta a nuestro hogar.

Reavivar la puerta principal

La presencia de protectores reaviva la puerta principal con una energía especial, sobre todo si son criaturas celestiales. Los chinos suelen pedir a algún sacerdote taoísta que lleve a cabo un ritual para «abrir los ojos» de sus guardianes celestiales, pero he comprobado que éstos actúan igual de bien con ritual o sin él. Si los contemplamos como protectores, adoptarán este papel potenciados por la fuerza de nuestras creencias.

¡Cada año es diferente!

La mala suerte llega de diferentes maneras –entre ellas la pérdida, la enfermedad y los accidentes– y el Almanaque Chino relaciona más de 250 tipos de pesares que «vuelan» hacia diferentes lugares de año en año. Resulta imposible seguir la pista de todas estas estrellas funestas y no es necesario hacerlo. Los chinos compran el Almanaque Chino, o Tung Shu, todos los años para descubrir dónde y cuándo afectarán a sus puertas y hogares las aflicciones negativas, para emplear la protección adecuada.

Las diferentes partes de nuestra casa, dentro y fuera, se turnan en cuanto a tener suerte o no tenerla de un año para otro –el feng shui es dinámico, por lo que nada permanece constante. Si bien no resulta problemático vivir con aflicciones de poca importancia, no se debe ignorar las de mayor calibre.

La mayoría de las aflicciones se pueden remediar con facilidad con «curas» simbólicas de los cinco elementos (*véase la página de al lado*). Podemos utilizar estos remedios para reforzar el poder de los protectores celestiales que colocamos junto a la puerta. Si estamos pasando una racha de mala suerte, resulta muy beneficioso averiguar los secretos de las aflicciones del presente año. Una vez hayamos puesto en práctica los remedios que necesitamos, notaremos un cambio en nuestra suerte.

Los perros Fu, grandes protectores de la puerta principal de una casa, deben ser idénticos y estar colocados a ambos lados de la puerta principal, para proporcionar la misma protección. Es necesario mantenerlos en perfecto estado.

Los perros Fu situados en el exterior de un templo antiguo en China actúan como barreras simbólicas que representan riqueza y protección.

Los protectores celestiales crean una fuerte defensa 50

Con el fin de proteger la puerta principal con guardianes celestiales, en primer lugar hay que decidir los que más nos gustan. Tres de los más populares, que emplean los chinos desde hace siglos, son los perros Fu, los Pi Yaos y los Chi Lins. Se dice que estos guardianes son celestiales porque, al igual que el dragón, no se ven en este mundo. Su apariencia parece ser una mezcla de varias criaturas, y muchos creen que estos protectores del cielo son lo bastante fuertes como para evitar a las malas personas y la energía nociva.

Utilizar tres protectores

A nivel particular, yo prefiero utilizar estos tres protectores celestiales, pues tengo la suerte de tener una casa grande, con muchas entradas y puertas. Para la puerta principal utilizo un par de figuras gigantes de aves fénix de bronce –que se dice

atraen nuevas oportunidades– y, para las puertas secundarias, el Pi Yao (perro dragón) y el Chi Lin (caballo dragón). Sobre todo, me gusta el Pi Yao, que representa un remedio contra una de las estrellas anuales más aflictivas, la Tai Sui, o Gran Duque Júpiter. ¡El Pi Yao también atrae la riqueza! Los Chi Lin protegen contra las estrellas aflictivas, como The Three Killings que, además, producen pérdidas.

El dragón, símbolo del calor, es un potente protector dentro del hogar.

Invocad el espíritu protector de los animales 51

Las cintas rojas estimulan el poder de los animales guardianes protectores.

Si lo desean, también se pueden colocar otras clases de guardianes protectores, quizá los de nuestra propia cultura; por ejemplo, los balineses tienen sus propios protectores de mirada feroz, e incluso diseños especiales para sus puertas. Podemos elegir animales salvajes conocidos por sus fieros instintos protectores (el león, el tigre, el rinoceronte, el elefante o el leopardo). Unos amigos míos han colocado estatuas de tigres, elefantes y leones de tamaño natural, que les resultan muy eficaces.

Activar vuestros guardianes

Nuestros propios protectores serán más eficaces si llevamos a cabo un par de rituales. En primer lugar, hay que colocar los «guardianes animales» en el exterior de la casa, de manera que flanqueen la puerta de entrada, y miran hacia fuera. En segundo lugar, activaremos los guardianes atando cintas rojas –si es posible, utilizando un nudo místico– alrededor de sus cuellos. De esta manera activaremos los guardianes animales y reforzaremos su poder. Los taoístas creen que, una vez realizados estos rituales, los guardianes quedan imbuidos con el espíritu protector del Cosmos, que les permite proteger su casa de una manera mucho más eficaz.

52 Despejad los obstáculos del pasillo

Resulta muy fácil que el desorden en forma de cajas, periódicos, correo publicitario, impermeables, paraguas y demás objetos se acumule en la zona del recibidor de vuestra casa. Realmente, es el peor lugar para que se amontone el desorden, y ocurre con tanta rapidez que sólo lo percibiréis cuando estéis buscando las razones por las que vuestra suerte de repente se ha vuelto en contra.

Los pasillos y recibidores luminosos y limpios crean un feng shui excelente, y permiten que la energía chi circule de forma ondulante y aporte buena suerte a los habitantes de la casa. Cuando se obstaculiza la energía chi, debido al desorden, puede producirse mala suerte.

Revés de la fortuna

Con mucha frecuencia, he ido a casas de personas que, de repente, han sufrido reveses de la fortuna y he descubierto que la desgracia en sus vidas o negocios ha sido causada por algo tan poco siniestro como un bloqueo de la energía. Este bloqueo suele estar cerca de la puerta principal, aunque a

veces tiene lugar en rincones que ocasionarían buena suerte anual si no fuera por los montones de desorden que destruyen la buena fortuna.

Crear buenas costumbres

Conviene crear el hábito de mantener libre de obstáculos la zona que está justo al entrar en casa, así como la que está por fuera de la puerta principal. Debemos mantener las plantas y otros objetos decorativos en buenas condiciones, y no dejar que se acumulen demasiados.

Está muy bien colocar algún mueble en el pasillo para frenar el flujo de energía chi, pero no se debe dejar que el desorden se acumule: sólo hay que poner unos cuantos objetos decorativos.

Cread fuerza feng shui en las salas de estar 53

La zona de la sala de estar es probablemente el mejor lugar de la casa para activar el feng shui bueno, utilizando imágenes decorativas simbólicas. Una de las cosas buenas del feng shui es que hay muchísimos animales, flores, dibujos e imágenes que se considera que tienen un significado «favorable».

Activar las ocho aspiraciones

Todos tenemos muchas esperanzas y deseos, y los chinos los han resumido en ocho aspiraciones principales, tal como se indica a continuación:

1. Una familia cariñosa y unida

2. Lograr el éxito profesional

3. Buenos descendientes

4. Un nombre bueno y respetable

5. Disfrutar de buena salud

6. Conocimiento y sabiduría

7. Riqueza

8. La protección de un buen bienhechor

Cada una de estas ocho clases de buena suerte puede ser activada y fortalecida utilizando imágenes simbólicas que potenciarán el feng shui bueno. Las imágenes de animales favorables han aparecido en pinturas, esculturas, porcelanas, bordados, trabajos en madera, a lo largo de la historia de la cultura china. Esta creencia en la imaginería positiva ha originado una riqueza de arte decorativo maravilloso que hemos heredado procedente de cientos de años de arte chino.

Los objetos favorables crean buena energía chi

Simplemente decorando la sala de estar con objetos favorables se crea la energía chi que atrae las

Las imágenes de animales, como el caballo, son símbolos de fortaleza y buena suerte.

ocho clases de buena suerte. Debemos utilizar la sala de estar para mostrar objetos de arte y decoración que representen imágenes favorables, asegurándonos de que están correctamente colocadas para mejorar el feng shui.

Cómo colocar los objetos de arte para obtener beneficios positivos

La colocación cuidadosa resulta fundamental a la hora de disponer los objetos decorativos en las esquinas de la habitación. En este caso, cada objeto debe reflejar el elemento de la esquina. Por ejemplo, en un ángulo tierra del suroeste o nordeste, quizá queráis colocar objetos basados en el elemento tierra, como una figura de cerámica o de cristal que represente a un animal favorable. Debéis recordar que el ángulo con mejor suerte siempre está diagonalmente opuesto a la puerta.

Si colocamos un espejo en la sala de estar, debemos asegurarnos de que no refleja la puerta, pues en ese caso hará que la energía chi se escape inmediatamente.

54 La luz encendida genera energía yang

Igual que utilizar objetos artísticos y decorativos en el hogar atrae la buena suerte, podemos controlar la potente energía yang de las luces brillantes. Una casa siempre tiene mejor suerte cuando el ambiente es luminoso, sin deslumbrar, que cuando es mortecino.

Debemos estar atentos a los ambientes que se crean en nuestro hogar por medio de la luz. Una iluminación suave o cálida –o cualquier clase de iluminación que genere la atmósfera en la que nos sentimos más cómodos– es excelente, siempre que nuestra casa nunca esté completamente oscura y tenga muchas sombras. Durante el día, nuestra casa fluirá con la estimulante energía yang del sol, pero, por la noche, aparece la energía yin, más oscura y fría.

El equilibrio entre el yin y el yang por la noche

Si bien la energía chi yin es adecuada para las horas nocturnas, conviene mantener también una buena cantidad de energía yang fluyendo a través de nuestra casa. Debemos recordar que en la energía yin siempre debe haber un poco de yang, y al contrario, pues un exceso de una o de otra origina un espacio que no está en equilibrio y de este modo no puede atraer la buena fortuna. Por este motivo, mantener las luces encendidas por la noche es un buen hábito feng shui que conviene desarrollar.

En mi casa yo tengo encendidas las luces del jardín y del porche, y cuando estoy dentro también enciendo las luces de mi altar y las del salón. La zona del recibidor de la puerta principal siempre tiene la luz encendida, pues esta parte de la casa se beneficia de un aporte continuo de energía chi yang.

55 Dejad que los sonidos naturales entren en casa

Si no tenemos animales que mantengan el ambiente lleno de energía yang, podemos comprar una pareja de perros o gatos de imitación como símbolos yang.

Los sonidos de la naturaleza son una maravillosa fuente de energía yang. Las casas o habitaciones silenciosas –que sugieren un aura de tumbas y lugares subterráneos– no son conductores de la actividad y la vida. Para que las casas tengan buen feng shui, conviene instalar objetos que emitan sonidos naturales. Los mejores son el sonido del agua al fluir suavemente a través de un recipiente de agua, el sonido de los móviles de viento tintineantes, o el sonido de las hojas arrastradas por el viento.

Cuando la casa está vacía durante todo el día

Si la casa permanece en silencio durante el día, especialmente cuando la familia está fuera –quizás el marido y la mujer en el trabajo, y los niños en el colegio–, la atmósfera en su interior adoptará un carácter yin, a menos que se produzca el sonido de la vida. Creo firmemente que un par de perritos o gatos crean la «esencia de la vida» en una casa. Otra alternativa es dejar la radio o la televisión encendidas cuando estamos fuera.

Cread flujos ondulantes de energía chi en vuestra casa 56

Cuando vayamos a colocar los muebles en nuestra casa, conviene crear una imagen mental del tráfico, es decir, el modo en que la gente se va a mover alrededor de los objetos. Hay que organizar el flujo colocando las piezas de mobiliario pesadas en lugares estratégicos. Hay que asegurarse de que el flujo va a ser ondulante, y que los miembros de la familia no serán propensos a chocar con los obstáculos o ángulos. Es necesario neutralizar los bordes agudos, colocando objetos más blandos como plantas y sofás cerca de ellos.

Reducir el flujo en los lugares estratégicos

Cuando más de dos puertas forman una fila en la cual el flujo de la energía chi pudiera tomar velocidad, conviene ralentizar el flujo colocando cómodas estratégicamente para que la energía pueda fluir alrededor de ellas.

En el caso de que haya un pasillo largo, es necesario interrumpir el flujo de energía colocando luces y objetos decorativos a lo largo del mismo. En el caso de que haya un dormitorio al final de un pasillo largo, hay que suavizar y ralentizar el flujo de energía chi, utilizando luces y plantas con hojas.

CONSEJOS SOBRE ENERGÍA

Visualizar el flujo

Conviene colocar muebles, luces y plantas de tal manera que el flujo de energía chi pueda circular a lo largo de zonas de paso, pero no con demasiada velocidad.

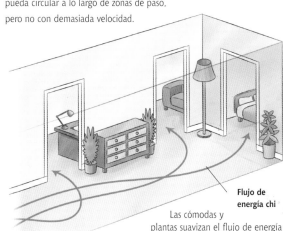

Flujo de energía chi

Las cómodas y plantas suavizan el flujo de energía chi entre las dos puertas colocadas en la misma pared de este pasillo.

Cread bolsas de energía concentrada 57

Creando «bolsas» de energía chi yang en todas las habitaciones tendremos un buen feng shui a través de la casa. Estas bolsas son zonas especiales en las cuales la gente se sienta y charla, come o se entretiene con sus aficiones favoritas, de modo regular, de forma que se crea una concentración de energía. En la sala de estar tendremos que colocar los muebles para crear una bolsa de energía chi yang, mientras que en el comedor esto se realiza de una forma natural, al reunirse las personas alrededor de la mesa.

El centro de la casa se beneficia principalmente de una concentración de energía yang. Si encontramos que no es fácil lograrlo en nuestras casas, podemos colocar una televisión en la habitación principal con el fin de crear una atmósfera animada. Debemos procurar que el centro de nuestro hogar sea un lugar dinámico, vivo y activo.

Las zonas para sentarse atraen de forma natural bolsas de energía positiva chi.

Bolsas de energía chi

58 Redecorad la casa a intervalos frecuentes

Uno de los secretos más simples y eficaces de feng shui que aprendí hace muchos años, cuando vivía y trabajaba en Hong Kong, fue el gran beneficio que se consigue volviendo a cambiar los muebles en la casa. De este modo se fomenta el movimiento de la energía chi, evitando que se quede estancada. Ni siquiera es necesario cambiar la colocación de los muebles, si nos gusta tal como está: sólo separándolos unos centímetros de la pared para dar a toda la habitación una buena limpieza y después colocándolos de nuevo en su sitio, ya se mueve la energía chi.

Cambiar de sitio los muebles es muy beneficioso, porque de ese modo se vuelven a encauzar las pautas de la energía chi, reflejando su naturaleza dinámica y atrayendo nueva energía cósmica hacia nuestro hogar.

Cambio de lugar y renovación anual de los muebles

Yo suelo cambiar los muebles de sitio al menos una vez al año. Traslado series enteras de muebles de una habitación a otra, e incluso cambio los cuadros que cuelgan de las paredes a otras habitaciones. De este modo doy a la casa un aspecto y energía nuevos.

También renuevo la casa de manera periódica, trabajando en diferentes rincones de año en año, y asegurándome de que renuevo –es decir, reactivo– los rincones más favorables cada año. De este modo, he conseguido dotar a mi hogar de vida propia, logrando que sea siempre juvenil y fascinante. Mi marido y yo llevamos treinta años viviendo en la misma casa y permanece tan llena de energía vibrante como cuando la construyeron. También ha aumentado bastante de tamaño.

El feng shui es un fenómeno dinámico y, de acuerdo con este principio, me aseguro de que nada en mi casa permanezca siempre exactamente igual de un año para otro. Como resultado, mi hogar se recarga periódicamente de energía yang.

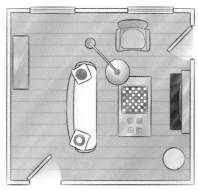

Conviene cambiar de lugar los muebles en las zonas de estar de manera periódica o, al menos, separarlos de las paredes y hacer una limpieza exhaustiva. En este caso, he trasladado la mesa y el sofá frente a la chimenea. La silla y la cesta de leña intercambian su sitio.

Observad los tabúes de la renovación todos los años 59

Llevar a cabo pequeños proyectos en las partes favorables de nuestra casa nos aportará grandes beneficios. Esto es especialmente cierto si vivimos en una casa con un terreno al lado, o si vivimos en el campo. Cada vez que activemos los rincones con suerte de nuestra casa, nos sorprenderá la rapidez con la que recibimos buena suerte imprevista. En 2007, por ejemplo, la esquina de la suerte de todos los hogares es la esquina suroeste. Si activamos la energía de esta esquina realizando obras o cualquier otra mejora, con toda seguridad atraeremos alguna clase de resultado positivo. En 2008, la parte afortunada de la casa será el este y para el año 2009, el sudeste.

También hay zonas prohibidas que hay que dejar quietas. Las renovaciones u otras perturbaciones en estas zonas producirán mala suerte a las personas que viven en la casa. Para averiguar las zonas prohibidas de la casa para el año que nos interese, hay que visitar el sitio web www.wofs.com. En 2007, las zonas prohibidas que hay que dejar bien quietas son el nordeste y el oeste, y en 2008, el sur.

Llevar a cabo renovaciones, como dar una mano fresca de pintura a las paredes y al techo, en el sector favorable de nuestro hogar para el año en curso proporciona buena suerte, pero hay que evitar trabajar en las zonas prohibidas, pues en ese caso nuestra suerte cambiará a peor.

Captad dosis de energía solar todos los días 60

Éste es uno de mis trucos más populares de feng shui, pues se puede practicar con facilidad y atrae mucha felicidad chi al hogar. Es una manera especialmente eficaz de asegurarnos de que la familia permanezca unida, y de que todos los miembros estén bendecidos por la poderosa energía revitalizadora del sol.

Conviene colgar en las ventanas cristales tallados de diferentes formas, que captan directamente los rayos del sol, hacia el este durante las horas de la mañana y hacia el oeste por las tardes. Estos objetos descomponen la luz solar introduciendo los colores del arco iris dentro de la casa. Los colores del arco iris atraen la potencia cósmica de la energía nueva. Hay que recordar que es mucho más beneficioso aprovechar la energía de la luz solar de la mañana que la energía de la tarde, pues la energía de la mañana es yang joven, que se mantiene mucho más tiempo para regenerar nuestro hogar.

Hay que elegir siempre cristales claros y brillantes, no apagados. Cuanto más resplandeciente es un cristal más eficaz será a la hora de atraer energía cósmica nueva hacia nuestro hogar.

61 Los espejos en los comedores multiplican la abundancia

Un método absolutamente eficaz de asegurar que la familia nunca perderá su ánimo, y que la abundancia del hogar estará continuamente reabastecida, es crear un efecto «duplicador» en el comedor. Esta habitación es el lugar donde la familia lleva a cabo sus comidas diarias, lo cual, para los chinos, simboliza el alimento y la supervivencia.

El buen feng shui trata tanto de proteger el tazón de arroz de cada uno como de crear abundancia, aunque el hecho de multiplicar los alimentos en la mesa resulta importante. Incluso las familias muy pobres quieren asegurarse de que la mesa del comedor nunca presenta un aspecto escaso. Si es posible, prefieren que aparezca llena en cada comida, un efecto que a menudo se puede resaltar con una disposición acertada de los platos. Para duplicar este efecto, suelen colgar un espejo de gran tamaño en un lugar estratégico que refleje los alimentos que hay en la mesa. El feng shui bueno fomenta el crecimiento de la riqueza familiar.

CONSEJOS SOBRE ENERGÍA

Las velas atraen energía yang estimulante

Las velas representan el elemento fuego y son portadoras de la poderosa energía yang a la mesa. Para equilibrar y controlar el elemento fuego, hemos colocado aquí las velas sobre un lecho de guijarros. Equilibrado de esta manera, el fuego fomenta la alegría en la habitación.

Colocando el espejo de la pared de modo que se refleje la disposición de la mesa, y todos los miembros de la familia cuando están sentados, se fomenta un hogar próspero.

Modo de colocar el espejo sobre la pared

En primer lugar, hay que elegir un espejo lo bastante grande como para sugerir riqueza y prosperidad. Un espejo que refleje a todos los miembros de la familia, así como la comida que está sobre la mesa, tiene buen feng shui. Al colgar el espejo en la zona del comedor, debemos asegurarnos de que no está demasiado bajo. Si refleja a las personas que están en la habitación, ninguna cabeza debe quedar «decapitada».

El espejo del comedor no debe reflejar la puerta principal, lo cual haría que el chi vigorizante fluyera fuera de la casa. Tampoco debe reflejar otra puerta, ni un cuarto de baño, escalera o la cocina. Los alimentos sobre la mesa simbolizan la alegría, mientras que los que están siendo preparados representan la suerte que aún no ha madurado. Siguiendo estos consejos, el espejo atraerá la buena suerte.

Reglas de oro para la disposición de la cocina 62

El feng shui proporciona importantes normas de conducta para la colocación de la cocina. En primer lugar, es mejor situarla al fondo de la casa, aunque no en el centro. Si es posible, la cocina no debe verse desde la puerta principal, de manera que lo ideal es que esté separada por medio de una pared de la parte delantera de la casa. Conviene situarla en la planta baja, pues una cocina situada a nivel del sótano trae mala suerte a la matriarca de la familia.

Al entrar en la casa, es preferible que la cocina esté a la derecha a que se encuentre a la izquierda. Las cocinas que están situadas en el lado izquierdo de la casa, mirando hacia el interior, suelen motivar disputas entre los miembros de la familia. También pueden provocar que los niños tengan peleas serias con sus padres.

Evitar el noroeste y el suroeste

No conviene colocar una cocina al noroeste de la casa, pues de este modo se deteriora la suerte del patriarca. Con frecuencia, hará que pierda su principal fuente de éxito, ya sea un bienhechor poderoso, un tutor o un jefe. Las cocinas situadas al suroeste deterioran la suerte de la matriarca, ha-

Este plano muestra una disposición ideal para una cocina. Al entrar, no se debe ver la cocina desde la puerta de entrada de la casa. Está situada en la planta baja, a la derecha y en la parte trasera de la vivienda.

La cocina está situada en la parte posterior de la casa a la derecha.

Puerta delantera.

ciendo que pierda poder e importancia dentro de la familia. En muchos casos, es motivo de que el marido tenga una amante o incluso abandone la casa para casarse de nuevo. Cualquier cosa que aflija a la matriarca causará problemas a la familia.

Reactivad los rituales de la sal en las cocinas 63

De todas las habitaciones de la casa, la más vulnerable a la energía mala o estancada es la cocina, donde se elaboran los alimentos de la familia diariamente. La energía de la cocina se traslada fácilmente a la familia. Una vez al año, hay que limpiar con sal el suelo, la puerta y las paredes de la cocina, lo que constituye una manera sencilla pero poderosa de garantizar que las superficies de la cocina quedan libres de energía chi negativa, y que los alimentos elaborados en nuestra cocina nunca se vean afectados por energía nociva o estancada.

Para limpiar la cocina con sal, hay que empapar un paño húmedo con sal natural de roca, y al frotar las superficies debemos imaginarnos que estamos eliminando toda la energía negativa chi vieja.

Hay que utilizar siempre sal natural de roca, porque necesitamos el poder natural de la tierra: la sal sintética no sirve.

64 Cómo manejar los elementos de fuego y agua

A la hora de lavar y cocinar los alimentos, hay que tener cuidado con las energías conflictivas que se producen entre los elementos fuego y agua. De todos los elementos, éstos tienen el mayor potencial benéfico o nocivo. El agua aporta riqueza, pero también puede ahuyentarla. El fuego proporciona una buena reputación, y atrae el honor, la fama, el éxito y el reconocimiento, pero también puede reducirlo todo a cenizas. El agua y el fuego proporcionan el potencial necesario para obtener muy buenos resultados y también muy malos. De los dos, el agua es el que controla el fuego.

Conviene asegurarse de que, en la cocina, el grifo del agua no se encuentra cerca de los fogones y que no está situado directamente enfrente de éstos. Los fogones simbolizan el elemento fuego, que reaccionará negativamente frente al elemento agua.

Dónde colocar el fregadero y los fogones

La confrontación que tiene lugar entre el agua y el fuego es la causa de choques y peleas dentro del hogar, de modo que debemos

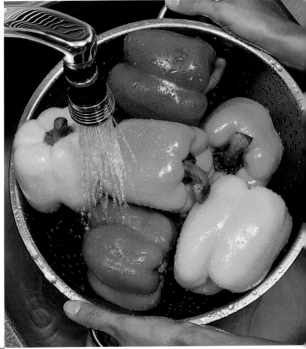

considerar la disposición del fregadero y los fogones dentro de la cocina, y que no haya un cuarto de baño o un depósito de agua encima de los fogones.

Durante las horas yin de la noche, hay que dejar una luz encendida en la cocina, para reavivar la energía del fuego. De manera simbólica esto también mantendrá cálida la energía del hogar y garantizará que la energía yang no se extinga.

CONSEJOS SOBRE ENERGÍA
Colocar los fogones favorablemente

Conviene no poner espejos o azulejos de espejo encima de los fogones, pues pueden hacer que se duplique la energía del fuego, lo que es perjudicial. Asimismo, debemos asegurarnos de que los fogones no están situados enfrente de una escalera, nevera, cuarto de baño, tubería de agua, despensa o de la puerta. Lo ideal es colocarlos en diagonal a la puerta de la cocina. En caso de que se encuentren enfrente de una puerta trasera, hay que colocar un biombo para bloquear la energía que pueda fluir a través de la puerta. Los fogones nunca deben situarse debajo de una ventana.

Energía relajante en el dormitorio 65

Siempre conviene reducir la presencia de energía yang a la hora de decorar los dormitorios. Si hay demasiada energía chi yang en una habitación, ésta activará nuestra mente y hará que nos sea difícil dormir bien. Si el yin y el yang no están en armonía, también será motivo de falta de tranquilidad. Por la noche, nuestro dormitorio constituye un lugar de seguridad y un santuario. Es mejor elegir colores relajantes que estimulantes. Los colores neutros actúan mucho mejor que los colores primarios.

No colocar imágenes de personas

Conviene no reavivar el dormitorio con demasiados objetos decorativos. Hay que mantener los guardianes celestiales y el dragón en las zonas de estar y no en el dormitorio. También conviene no colgar fotografías o pinturas de personas en las paredes del dormitorio. A algunos recién casados les gusta colocar su fotografía de boda en el dormitorio, pero esto no es recomendable. Es mucho mejor colocar la fotografía de boda en una zona con energía chi estimulante.

Elegir una iluminación suave

En el dormitorio, la energía yin debe predominar sobre la energía yang, por lo que hay que poner una iluminación suave. Una regla general es que cuanto mayor es el ocupante de un dormitorio, más suaves deben ser las luces. Conviene colocar las lámparas a ambos lados de la cama, y no en el techo.

Los tonos tierra, como el marrón y el color crema, van muy bien en los dormitorios porque el elemento tierra es básico y relajante.

Conviene tener los mínimos objetos decorativos en los dormitorios. El objetivo es crear una atmósfera tranquila que sosiegue la mente, y permita un sueño profundo y reposado.

66   Ceremonias de limpieza en los dormitorios

Cada año, justo antes de Año Nuevo, hay que hacer una limpieza a fondo del dormitorio, para eliminar cualquier energía chi estancada que se pueda haber acumulado. Hay que limpiar bien todos los objetos blandos, incluyendo las alfombras, cortinas y ropa de cama. Si es posible, conviene cambiar de sitio los muebles, para poder limpiar los rincones de difícil acceso.

Ahuyentar la energía chi

Una vez que hayamos limpiado el dormitorio, hay que llevar a cabo un ritual de limpieza. En primer lugar, empaparemos todas las superficies del dormitorio con un paño limpio mojado en agua salada natural. Después, utilizaremos herramientas que sirven para despejar el espacio como los palitos de incienso, un cuenco musical de metal con un mazo de madera, campanillas y cristales para activar los cinco elementos.

Sujetando los palitos de incienso, caminar por toda la habitación tres veces, en la dirección de las agujas del reloj permitiendo que el humo limpie simbólicamente la habitación. Repetir el ritual con un cuenco musical, percibiendo cómo los sonidos se van suavizando mientras nos movemos por la habitación. Hay que hacer lo mismo con una campana especial fabricada con siete clases de metal. El cuenco y la campana simbolizan que el poderoso elemento metal corta todas las enfermedades y la energía chi desfavorable. Hay que terminar el ritual con la energía estabilizadora de los cristales. Lo mejor es utilizar un cristal puntiagudo de cuarzo puro que representa el signo del infinito en el aire, mientras caminamos por la habitación.

Hay que acordarse de abrir las ventanas y puertas cuando realicemos estos sencillos rituales, para permitir la entrada de un buen flujo de energía chi. También resulta beneficioso tener pensamientos alegres mientras llevamos a cabo los rituales de limpieza.

CONSEJOS SOBRE ENERGÍA

Energía chi de madera y agua

Sujetando una rama de pino con una mano y un tazón con agua en el cual hayamos disuelto antes sal natural, caminaremos por el dormitorio siguiendo la dirección de las agujas del reloj. Mientras caminamos, mojaremos la rama de pino en el agua salada y salpicaremos con ella ligeramente la habitación. Esto simboliza la energía de los elementos madera y agua, que aporta energía chi potenciadora de la vida a la zona del dormitorio.

Los palitos de incienso simbolizan el elemento fuego, y su humo ahuyenta la energía chi nociva.

Estimulad la creatividad en las zonas de trabajo   67

Debemos llevar a cabo un esfuerzo consciente para estimular la energía chi creativa en las zonas de trabajo de nuestra casa, sobre todo si tenemos la oficina en casa. En este caso, hay que aprovechar el hecho de que la disposición y la decoración de nuestra oficina están completamente bajo nuestro control.

Lo más importante de todo es que nuestro espacio de trabajo debe beneficiarse de una gran cantidad de energía yin, que estimula nuestra vitalidad y crecimiento. La energía yang exige que la oficina esté bien iluminada y cuente con sonidos naturales como el susurro de las hojas o el agua mientras cae por una fuente en miniatura.

Beneficiarse de los colores principales

Una explosión de color estimulante activa el espacio, y puede provenir de un arreglo floral, de una obra de arte, un tono de pintura acertado en las paredes. Una buena dosis de colores primarios resulta excelente, pues no han sido diluidos con otros tonos y su energía es completamente yang. Conviene evitar los colores tristes en la zona de trabajo de nuestra casa, pues tienen tendencia a ensombrecer nuestra energía.

Si bien resulta conveniente incluir objetos que estimulen nuestros sentidos, hay que mantener un equilibrio. Para ello, resulta práctico colocar objetos que representen los cinco elementos en la decoración general de la habitación. Una vez que la zona de trabajo esté llena de energía positiva chi, con seguridad nos beneficiaremos de una gran cantidad de ideas nuevas y creativas.

La energía yang debe ser activada, por lo que el espacio vital tiene que ser amplio y estar bien iluminado. Es importante que haya el mínimo desorden.

68 Estimulad la lucidez mental en las zonas de estudio

Una mesa con una superficie lisa y plana constituye un lugar de trabajo ideal. La abundancia de luz del día potenciará la zona como energía yang estimulante.

Los niños que ya van al colegio, así como los jóvenes que asisten a la universidad, necesitan un rincón donde puedan estudiar bien. Lo ideal es que este rincón les permita estudiar de cara a la dirección en la que puedan lograr su óptimo desarrollo personal, que se conoce como dirección Fu Wei. De este modo se fomenta su concentración y se logra el desarrollo de la lucidez mental.

Para averiguar la dirección correcta hacia la que debe mirar nuestro hijo mientras estudia, necesitamos calcular su número personal Kua *(véase el cuadro inferior)*, que está basado en el año lunar de nacimiento. Éste determina cuál de las ocho orientaciones primarias y secundarias aporta concentración durante el estudio y mejor suerte para los exámenes.

CONSEJOS SOBRE ENERGÍA

Modo de averiguar el número Kua de nuestro hijo

Para poder averiguar el número Kua de nuestro hijo, debemos conocer el año lunar de nacimiento. Es el mismo año occidental, excepto en el caso de los nacidos en el mes de enero o febrero, pero antes del nuevo año lunar en su año de nacimiento. Para esas personas, hay que restar 1 a la suma de las dos últimas cifras de su año de nacimiento. Por ejemplo, en el caso de alguien que haya nacido en 1948, hay que sumar 4 + 8, queda 12, y después 1 + 2 que nos da 3. Si esa misma persona hubiera nacido antes del nuevo año lunar, habría que restar 1, lo que nos daría 2. Si es un niño, habría que restar 3 de 10, y si es una niña, sumar 5.

De este modo, en el caso de los niños el Kua sería 10 – 3 = 7, y en el caso de las niñas, 5 + 3 = 8.

Después debemos echar un vistazo a la tabla siguiente, donde se indica la mejor dirección hacia la que tienen que mirar cuando hacen los deberes o estudian para aprobar los exámenes.

Kua	1	2	3	4	5	6	7	8	9
Mejor dirección	norte	SO	este	SE	*	NW	oeste	NE	sur

* En el caso de los niños, la dirección es suroeste, y si son niñas, nordeste.

Un pupitre adecuado atrae el éxito

Con el fin de reavivar la zona de estudio de nuestro hijo, también es conveniente elegir un pupitre o una mesa de estudio adecuada. Su superficie debe ser lisa, y no debe haber nada cerca que el niño encuentre incómodo o extraño. Para ello debemos pedir su opinión. Por ejemplo, no debemos elegir un pupitre que tenga una serie de cajones incorporados o un armario. El pupitre debe tener un tamaño más grande que el estándar del colegio. De hecho, cuanto más grande sea el pupitre más adecuado será, y más fomentará el éxito de nuestro hijo.

Para estimular la lucidez mental, conviene colocar encima del pupitre un cristal de cuarzo, con una punta. Debemos animar a nuestro hijo a que no deje que el cristal absorba la energía de otras personas. Debe colocarlo sobre el pupitre cuando está estudiando y llevarlo al lugar del examen, como amuleto de buena suerte.

Capítulo cuatro

Avivad vuestro poder espiritual interior

Debemos procurar crear canales para nuestra espiritualidad interior, de modo que pueda fluir hacia el exterior. Esto hará aumentar nuestro carisma, hará que seamos mucho más atractivos y, en definitiva, dará a nuestras palabras más poder. Y aún más, la energía especial que se desprende producirá que todas las cosas negativas, como la depresión, el egoísmo, la ira y la intolerancia, sean ahuyentadas lentamente. Éstas son las cosas que nos aportarán éxito y felicidad...

Ya estemos viviendo en un ático en Nueva York o en una cabaña en las montañas del Himalaya, podremos activar el mismo poder que reside en el interior de todos nosotros: el poder que nos ayuda a trabajar con la energía del tiempo y el espacio. El hecho de convertirnos en seres espirituales no exige de nosotros otra cosa diferente de lo que somos. No hemos de plantearnos metas poco realistas o encerrarnos detrás de prohibiciones artificiales. Potenciar nuestra mente debe constituir una experiencia liberadora, no una experiencia opresiva. Todo lo que requiere es una pureza de buena motivación interiorizada... ninguna muestra exterior de «santidad». Cuando utilizamos nuestra mente de esta manera, multiplicamos por mil nuestro potencial para lograr el éxito.

69

Aplicad vuestro poder espiritual interior y sintonizad mentalmente con él

Puesto que todo el conocimiento, las experiencias y los resultados de nuestra vida emanan de la mente, los mejores practicantes de feng shui no son necesariamente los más entendidos o los más viejos, sino los más experimentados y humildes y los que reconocen y utilizan el poder de sus propias mentes.

En el transcurso de muchos años de observación, he descubierto que los maestros más versados en feng shui no son diferentes de los profesionales de éxito en otros campos del esfuerzo –siempre son los más relajados y humildes– pero que también poseen una confianza sosegada, inflexible y tranquilizadora que parece surgir de su interior.

Éstos eran los maestros taoístas que tuve la fortuna de conocer y cuyo trabajo pude observar de cerca. No eran necesariamente famosos, sino que estaban entre un círculo privado de maestros del feng shui altamente respetados.

Clarividencia espiritual

Estos maestros taoístas de feng shui de Hong Kong eran profundamente espirituales, aunque al principio de conocerlos puede que no nos lo parecieran. Eran maestros de la meditación con mentes poderosas y clarividentes. Siempre estaban relajados y de buen humor, y cuando daban consejos a sus clientes era evidente que podían ver en su mente el resultado de sus recomendaciones. Describían lo que había que hacer como si fuera una imagen que podían ver claramente en sus mentes.

Mientras tanto, parecían empapar sus consejos con un poder espiritual interior que posteriormente descubrí que todos podemos dominar del mismo modo.

Ahondar en nuestra mente

El secreto está en ahondar en nuestro pensamiento y utilizar nuestro potencial espiritual para dotar a nuestras acciones de una fuerza divina especial. La frase mágica «ábrete sésamo» reside en la pureza de nuestra motivación: cuando se practica feng shui con verdaderas buenas intenciones para beneficiar a las personas que habitan en un hogar, esta práctica adquiere un gran poder. Este capítulo está dedicado a presentar la idea de ahondar profundamente en nuestro subconsciente.

Debemos comenzar por aprender el modo de ahondar en las profundidades de nuestra conciencia con unos sencillos ejercicios de meditación que harán que la energía chi fluya hacia el interior de nuestro cuerpo.

CONSEJOS SOBRE ENERGÍA

Meditar a diario para lograr una conciencia interior

Cerramos los ojos con el fin de evadirnos de las distracciones, respiramos con normalidad, nos relajamos y después dirigimos nuestra mente hacia el interior más profundo de nosotros mismos. Hacemos esto durante unos instantes cada día, hasta que nos familiaricemos con el ejercicio. Pronto podremos descansar la mente y hacerla más clarividente, abriendo la profundidad interior y nuestros propios procesos de pensamiento.

Espiritual viene de espíritu: comprended su potencial 70

El término «espiritual» se refiere a la mente, y las personas espirituales son aquellas que intentan ampliar al máximo el potencial de la mente. Cuando entendemos que es nuestra mente lo que en definitiva controla todo lo que nos sucede, nuestro chi y nuestro espacio, lograremos comprender las ilimitadas consecuencias de nuestras creencias, nuestras actitudes, comportamiento, acciones, discurso y respuestas. De manera personal y colectiva éstos tienen un efecto en el resultado de todas nuestras acciones. Pero el espacio en el que vivimos y el chi que nos rodea también influyen en nuestras vidas, por lo que resulta necesario dominar nuestra mente para mejorar la disposición y el diseño de nuestros alrededores.

El poder del yin

Esta práctica de feng shui interior también es denominada «el poder del yin –los lugares silenciosos interiores de la mente». El yin –como en el yin y el yang– siempre se encarna con fuerza cuando ahondamos en el potencial del ser interior divino, que es, evidentemente, sólo otra manera de describir la mente.

Cuando nuestra mente es positiva, todo lo que hacemos para mejorar el feng shui de nuestro espacio será reforzado y mil veces más eficaz. Cuando le sumamos la fuerza vitalizante de nuestra mente, los efectos se amplifican mucho más.

De este modo, algo tan sencillo como colocar un objeto simbólico en un determinado ángulo de nuestra casa adquiere, con toda seguridad, el gran poder de proporcionarnos un éxito renovado, cuando va acompañado de una poderosa intención interior, que ayuda a potenciar algo que ya es cósmicamente correcto. ¡Imaginad lo poderoso que puede llegar a ser!

Debemos sosegar nuestra mente invocando un objeto sagrado como esta figura de Buda. El mejor lugar para colocar este tipo de estatua es en el noroeste de cualquier habitación.

Elevarnos por encima de los aspectos negativos

Cuando comenzamos a creer realmente en el poder de nuestra mente para fomentar la práctica del feng shui, se ahuyenta cualquier depresión de forma instantánea. El fracaso se convierte en algo del pasado y todas las aflicciones causadas por fuerzas cósmicas exteriores pueden ser superadas.

Cuando sabemos que podemos elevarnos por encima de los aspectos negativos del entorno que nos rodea y que, sencillamente, no existen límites en cuanto a nuestro poder sobre las aflicciones intangibles, hemos comenzado a practicar feng shui interior. Esta dimensión añadida del empleo del feng shui multiplicará por mil la fuerza de la antigua práctica de la mejora del espacio.

71 Desbloquead la sabiduría interior con auténtica motivación

A través de la meditación, todos podemos beneficiarnos del control sobre nuestra energía chi interior.

El hecho de desbloquear nuestra sabiduría interior tiene menos que ver con fórmulas y métodos, y más con el instinto y las conexiones espirituales que nuestras mentes forman con las fuerzas cósmicas. Nuestro propio chi interior no es tan potente como el chi universal cósmico, pero cuando aprendemos el modo de acceder a él podemos empezar a trabajar sincronizándolo con la energía cósmica chi.

El buen feng shui siempre ha estado relacionado con el hecho de vivir en armonía con el mundo. Cuando practicamos el feng shui interior, estamos activando nuestro mundo haciendo que la energía chi interior esté en sintonía con la energía cósmica chi.

La pureza y el enorme poder de nuestra mente sólo se pueden alcanzar de forma plena cuando nuestros motivos son positivos.

Cómo acceder a nuestra energía chi interior

De acuerdo con los maestros taoístas, el hecho de lograr el dominio de nuestro chi interior requiere la práctica de muchas vidas. Es algo totalmente espiritual, que exige años de práctica de meditación

y una renuncia a las ideas negativas. Lo bueno es que no tenemos que convertirnos en maestros de yoga para acceder a nuestro chi interior. Mientras nuestros objetivos sean sencillos y establezcamos la motivación correcta para ser espirituales, lograremos el éxito al abrir algunos de los enormes poderes y potenciales de la mente. La clave, en este caso, es la motivación: debe ser pura y estar desprovista de planteamientos negativos ocultos. Una motivación pura es aquella que es altruista y generosa. La espiritualidad interior no tiene poder alguno cuando está alimentada por la ira, los celos o la avaricia negativos.

La clave para utilizar el poder mental es ser capaz de establecer y mantener esta pureza, por lo cual antes de comenzar siempre debemos revisar nuestros motivos. Al practicar el feng shui interior con la idea de beneficiar a los demás –nuestra familia, nuestros amigos, nuestros clientes– éste adquiere vida propia, y confiere a nuestra práctica un poder especial que garantiza el progreso.

Llevad a cabo una limpieza anual de la mente 72

Después, debemos librar a nuestra mente y a nuestros procesos de pensamiento de intenciones negativas. El deseo de hacernos ricos, conseguir el éxito o un buen nombre, atraer el amor y demás, puede estar alimentado por motivaciones positivas o negativas. Las aspiraciones positivas intentan hacernos felices a nosotros mismos y a los demás. Siempre que no utilicemos nuestro conocimiento de feng shui para provocar daño al prójimo, nuestra intención es pura.

Así, si alguna telaraña o negatividad de nuestra mente nos nubla la visión de la verdadera naturaleza de nuestros motivos, debemos rechazarlas. Nuestra mente es como un espejo: cuando está limpio, las imágenes que refleja son nítidas y claras, pero cuando la mente está confundida con fantasías, negatividad y complejos acumulados a lo largo de la vida, reflejará imágenes borrosas, desenfocadas e inexactas.

Para acceder al poder de la mente con el fin de reforzar la eficacia de nuestra práctica del feng shui, debemos llevar a cabo de forma periódica lo que se puede describir como una limpieza general mental de nuestras actitudes y aspiraciones. Esta limpieza ahuyentará la suciedad que empaña nuestras visiones, eliminando todas las ideas negativas persistentes.

Debemos expulsar nuestros modelos de pensamiento negativos y aspirar a la claridad mental.

Controlad vuestra actitud 73

Un importante efecto secundario que se produce al acceder a la mente y ahondar profundamente en nuestro chi interior es que nos proporciona una visión más amplia del mundo. Mejora nuestra percepción, nos muestra las actitudes que adoptamos con una mayor perspectiva y sintoniza nuestras aspiraciones con las del prójimo, guiando nuestro chi a una mayor afinidad con el chi que nos rodea.

Esto es lo que realmente significa vivir en armonía con el entorno. Al ser conscientes de nuestras actitudes y controlarlas, desarrollaremos un mejor gobierno de nuestras circunstancias y del resultado de nuestros esfuerzos y trabajos. Esto se asocia a la filosofía general del feng shui, viéndonos a nosotros mismos y nuestra existencia en re-

lación con las cosas que nos rodean (nuestros hogares, espacios, los objetos con los que vivimos, las direcciones hacia las que dirigimos nuestras energías y los cinco elementos que interactúan con nuestro ser).

Cielo, tierra y humanidad

El taoísmo lo describe con el concepto del todo. En feng shui, lo describimos como la trinidad del cielo, la tierra y la humanidad. Cuando vivimos en un estado de esta trinidad de Tien Ti Ren, somos bendecidos con una energía y un feng shui excelentes. Resulta imposible conseguir el dominio de todos los componentes de este concepto, pero, con el transcurso del tiempo, la práctica nos resultará fácil.

74 Emplead el yin y el yang, el lado izquierdo y derecho del cerebro

El buen practicante de feng shui es aquel que trabaja con las partes izquierda y derecha del cerebro, para utilizar el yin y el yang de su mente.

El hemisferio izquierdo gobierna los números, las secuencias, la lógica, la organización y otros asuntos que requieren un pensamiento racional, razonamiento, y consideraciones deductivas y analíticas. Las personas que piensan con la parte izquierda del cerebro están más familiarizadas con las cuestiones matemáticas y científicas, y se centran en líneas y fórmulas, ignorando las sutilezas del color y el ritmo. Tienen un enfoque más sistemático, son más despegadas y menos emocionales.

Quienes emplean el hemisferio derecho del cerebro suelen confiar más en sí mismos y en sus «sensaciones», fomentando la aparición del sexto sentido. El hemisferio derecho gobierna

Hay que tratar de combinar el lado izquierdo del cerebro, analítico, y el derecho, creativo, emulando la belleza y la técnica de Leonardo da Vinci.

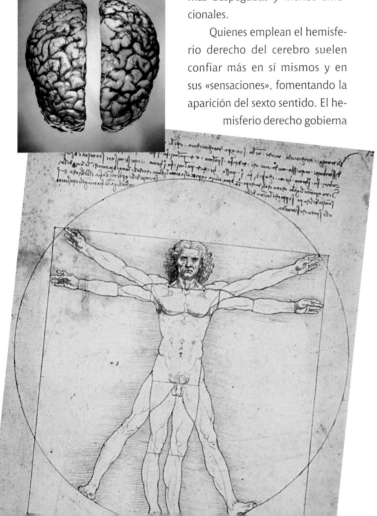

el sueño, los colores, el ritmo, y los procesos de pensamiento más instintivos que requieren creatividad, imaginación, originalidad, y talento artístico y de invención. El pensamiento con el hemisferio derecho está menos restringido, y menos sujeto a parámetros científicos. Se centra en formas y composiciones, matices y sutilezas, al tiempo que pasa por alto medidas y dimensiones.

Debemos ser racionales y también instintivos

En feng shui, debemos utilizar los dos hemisferios de nuestro cerebro, lo que nos permitirá aunar el frío y racional yin de la técnica y las fórmulas con la cálida comodidad yang de nuestros instintos.

Si sólo pensamos de una manera lógica, descartando la creatividad, nuestra práctica del feng shui tendrá una eficacia limitada. Debemos aplicar los principios del feng shui fuera de los límites rígidamente establecidos y sin ser unidimensionales en nuestra práctica.

De forma similar, aquellos que únicamente utilizan sus instintos sin estudiar los métodos, seguro que estarán muy mermados. Encontrarán que su práctica es absolutamente inadecuada sin el aspecto racional dentro del cual se ejercita la ciencia del feng shui.

Los mejores resultados los obtienen los que activan la parte creativa y racional de su cerebro. El efecto de utilizar los dos hemisferios juntos es mucho más eficaz que cuando un lado del cerebro funciona excluyendo al otro.

Dos hemisferios cerebrales que trabajan al unísono producen mejores resultados, de modo que no debemos ser ni demasiado crédulos ni demasiado suspicaces. Debemos ser racionales, pero también confiar en nuestros instintos. En esto consiste realmente la sabiduría del taichi, ¡porque los hemisferios izquierdo y derecho son el yin y el yang de nuestro cerebro!

Libraos de límites imaginarios 75

Aquellos que alguna vez hayan asistido a una conferencia sobre pensamiento positivo, sabrán lo que son los límites imaginarios. La mayoría de las veces creamos trabas y obstáculos a nuestro propio potencial, señalando los límites de nuestras propias capacidades. Esto no sólo afecta a la percepción de nuestra capacidad, sino que también acompaña al sentido de la valía. Muchas personas simplemente no creen que «merezcan» una vida mejor, o que puedan ser más felices, o que pueden aspirar a tener un estilo de vida mejor.

Las puertas abiertas permiten que el chi fluya sin obstáculos a través de las habitaciones de nuestra casa.

Hay que pensar a lo grande

La mayoría de las veces, nuestro éxito está bloqueado por nuestra propia perspectiva del mundo. Al esforzarnos por aumentar los resultados de nuestro feng shui, no debemos tener miedo a pensar a lo grande, o tener grandes sueños. Debemos eliminar los límites imaginarios de nuestras propias cualidades.

Eliminar las barreras del éxito

Debemos eliminar de forma sistemática todos los obstáculos que tengamos en nuestra mente y completar este ejercicio retirando también cualquier obstáculo físico en nuestra casa, para dejar que la energía fluya libremente por la misma. Debemos dejar que las energías invisibles fluyan sin trabas, y al igual que los límites mentales se benefician de un soplo de aire fresco, también la energía de nuestra casa se beneficiará, de modo que hay que dejar al menos un par de ventanas abiertas y, si es posible, alguna de las puertas. Hay que dejar que el exterior penetre en la casa… Eliminando los obstáculos nos alejaremos de las limitaciones de nuestra vida.

CONSEJOS SOBRE ENERGÍA

Dejar que el chi fluya por nuestra casa

Debemos asegurarnos de que el chi puede circular con facilidad por toda la casa, retirando cualquier colocación inadecuada de los muebles y abriendo los rincones abigarrados. Conviene abrir las ventanas para dejar que la energía penetre en casa libremente.

76

Actuad como si fuerais ricos: rechazad la pobreza

Cuando nos hayamos acostumbrado a utilizar nuestro cerebro de forma activa con la práctica del feng shui, debemos incorporar la programación de la prosperidad. Vivir la vida como si fuéramos ricos y adinerados. Llenar la mesa del comedor de alimentos significa abundancia: servirnos siempre más de lo que necesitamos, especialmente cuando tengamos invitados, e invitar a mucha gente (que después estarán dispuestos hacia nosotros) a nuestra casa. El hecho de tener invitados para comer crea un planteamiento de prosperidad y refuerza la energía yang de nuestro hogar.

El hecho de asegurarnos de que tenemos una generosa cantidad de comida para nuestra familia y amigos nos ayudará a programarnos contra la pobreza.

Una mesa de comedor abundante simboliza la riqueza que estamos tratando de conseguir.

No debemos preocuparnos, sino vivir a tope

Asimismo, debemos evitar encarecidamente los planteamientos de pobreza, no estar siempre preocupándonos por el futuro. Las personas generosas se programan para la prosperidad, mientras que las tacañas y avaras se programan para la pobreza.

No debemos dejar que dominen nuestra vida cosas sencillas como ahorrar electricidad apagando las luces o cerrando todas las ventanas, porque pensamos que puede llover. Cuanto más relajados estemos respecto al dinero y con todo lo relacionado con el gasto, más haremos que nuestra economía aumente en nuestra vida.

La generosidad crea riqueza

El feng shui encaminado a atraer la riqueza raras veces les funciona a las personas tacañas con mentes cerradas. En cambio funciona muy bien con las personas abiertas y generosas. Debemos modificar nuestra actitud y nuestras motivaciones.

Neutralizad a vuestros enemigos interiores: 77
desarrollad el arte de la protección

El mayor obstáculo para el éxito –ya sea en el trabajo, en el hogar o en nuestras relaciones– está en nuestro propio interior. El enemigo más peligroso en nuestro empeño por alcanzar un estilo de vida más feliz, saludable y vital, es el que tenemos en nosotros. Arroja dudas respecto a nuestro derecho de crear un buen estilo de vida para nosotros mismos y hace que cualquier cosa que llevemos a cabo para aumentar la armonía y el equilibrio en nuestro espacio esté descompensada, haciendo los cambios menos eficaces.

Debemos relajarnos, relajarnos y relajarnos

El secreto de realizar cambios feng shui en nuestro hogar es hacerlo con una mente relajada. Nunca hay que dejar que la mente nos haga dudar de nosotros mismos. Debemos estar lo más relajados posible cuando tratamos de desarrollar algunas de las sugerencias que se exponen en este libro, y neutralizar nuestras dudas internas con una actitud de fuerza y confianza. Con frecuencia, cuando algún tipo de cambio feng shui no se lleva a cabo correctamente, se pone de manifiesto con gran rapidez y posteriormente todo lo que se requiere es un pequeño ajuste. De modo que no debemos perder la confianza en nuestra propia práctica del feng shui.

Debemos crear un modo de vida relajado y feliz para aumentar la armonía y sacar el mejor provecho de los cambios feng shui que llevamos a cabo.

Visualizad y haced realidad: acceded al 78
subconsciente

Debemos adoptar las poderosas técnicas de realización por medio de la visualización que nos enseñan los maestros yoghis Siddhi y los taoístas. De hecho, la utilización de poderosas visualizaciones mentales para dotar de poder y éxito a nuestras intenciones y deseos se basa en el empleo de la mente para crear imágenes que tienen una manera inteligente de convertirse en realidad. A la hora de organizar nuestro espacio vital, debemos cambiar los muebles de lugar, alinear las direcciones de los asientos y del lugar de dormir con nuestras orientaciones favorables, y colocar remedios o amuletos simbólicos en las diferentes esquinas de las habitaciones para asegurarnos de acompañar nuestras acciones con potentes visualizaciones de éxito.

Al principio, esto no será fácil, puesto que la visualización eficaz exige práctica y las que conducen al éxito también requieren imaginación. Pensemos en todos los resultados que deseamos obtener mientras practicamos feng shui en nuestros hogares. Esta visualización es lo que hace que todos los deseos se conviertan en realidad.

Conviene utilizar una brújula para alinear nuestro interior con nuestras propias direcciones personales favorables.

79 Limpiad los canales interiores de la energía

Durante la visualización, debemos realizar un esfuerzo especial para limpiar los canales de energía de nuestro cuerpo físico. Causan obstáculos para lograr el éxito, así como bloqueos mentales: los chinos siempre hacen referencia a que el chi interior de nuestro ser es incluso más poderoso que nuestro chi exterior. De modo que es deseable librarnos del desorden mental que se repite de forma maquinal y bloquear nuestros canales de la energía.

Conviene que pasemos diez minutos al día moviéndonos por las habitaciones de la casa donde vivimos y dedicar algo de tiempo. Meditar en nuestro espacio e imaginar una ráfaga de aire fresco llevándose las telarañas y el desorden que tiende a acumularse en la mente después del duro trabajo del día. Y aquí va un consejo: debemos crear una situación para que realmente sintamos cómo es una racha de aire fresco, para recrear su sensación refrescante en nuestra mente. Ésta es una técnica tan poderosa que el hecho de convertirla en una parte de nuestra práctica de feng shui interior debe ser una de nuestras prioridades principales.

80 Cuidad la esencia espiritual de la suerte humana

El buen feng shui consiste en crear la presencia del Tien Ti Ren, la trinidad de energías «cielo, tierra y humanidad» en el hogar. Las dos últimas están bajo nuestro control y, de ellas, la energía de la humanidad determina si disfrutamos de buena o mala suerte.

Ahuyentar la depresión y la preocupación

Todos despedimos energía humana, de modo que, conscientemente, debemos despedir chi positivo. Cuando estamos siempre enfadados, deprimidos o preocupados, la energía generada puede ser dañi-na y negativa. Ésta tiende a empeorar cuando la mente se acomoda en la negatividad. Por lo tanto, en cuanto comencéis a leer este libro, debéis esforzaros para eliminar cualquier tendencia a permanecer anclados en un estado de ánimo depresivo y desprenderos de esos sentimientos. Si queremos tener un buen feng shui en nuestro hogar, hemos de ahuyentar las expectativas negativas.

En su lugar, nos convertiremos en reyes del optimismo. Si esperamos que nos ocurran cosas buenas, nos sorprenderá que éstas siempre sucedan. De esta manera alimentamos el espíritu y la esencia interiores.

Los secretos del sueño reparador 81

Para obtener lo mejor de las energías chi personales en el interior del cuerpo humano, resulta beneficioso, incluso necesario, desarrollar un sueño potente, lo que los maestros describen como el «yoga del sueño». Esto implica dormir a las horas más provechosas y de la manera correcta.

La mejor hora para acostarse es alrededor de las 23.00 h. En cualquier caso debemos asegurarnos de estar en la cama con las luces apagadas a las 23.00 h. Esto resulta ideal, pues la regeneración de las células del cuerpo tiene lugar durante la primera hora del Zodíaco, es decir, durante la Hora de la Rata, que tiene lugar entre las 23.00 y la 1.00 h. Si el cuerpo no está en estado de sueño, las células no pueden regenerarse, y el chi se debilita. Con el transcurso del tiempo, cuando la energía no ha tenido la posibilidad de rellenarse o rejuvenecer, se queda estancada, haciendo que sea difícil, y a veces imposible, que la persona disfrute de un entorno provechoso. El feng shui de nuestra casa no sirve cuando las personas tienen la energía chi muy debilitada. Cuando el chi no está pleno, la constitución del cuerpo pierde vigor y vitalidad.

El poder del sueño

El hecho de dormirse a las 23.00 h también garantiza que se tienen las suficientes horas de sueño. Esto es algo que la ciencia médica occidental y las ciencias ayurvédicas también aconsejan. Sólo entonces podremos entrar en el nivel de sueño profundo. Y para asegurarnos de que alcanzamos el mejor feng shui mientras estamos dormidos, también debemos asegurarnos de dormir con la cabeza mirando hacia la dirección más favorable para nosotros, basada en la fórmula feng shui de las Ocho Mansiones, de las mejores orientaciones favorables.

Debemos estar en la cama alrededor de las 23.00 h todas las noches para asegurarnos de que estaremos dormidos durante la primera hora del Zodíaco. De esta manera nuestro cuerpo tendrá las mejores posibilidades de rejuvenecimiento de las células.

82

El yoga del sueño convierte los sueños felices en realidad

Colocar los Ocho Inmortales, simbolizados aquí por estas monedas, cerca de nuestra cama para fomentar los sueños favorables.

Los Maha Siddhis de numerosas culturas orientales son conocidos como santos que han alcanzado los poderes más elevados del yoga. A través de su inmenso conocimiento, enseñan la capacidad de moverse desde el yoga del dormir hasta el yoga del sueño. Esto lo consiguen desarrollando disciplinas saludables para relajar el cuerpo y revitalizar la mente.

Nuestro cuerpo se puede beneficiar de una serie de buenos hábitos rutinarios. Adoptándolos, permitimos que la energía de nuestro cuerpo interactúe de una manera armoniosa con la energía de nuestro entorno. De este modo podemos empezar a desarrollar el arte del yoga del sueño.

Lograr la claridad espiritual

El yoga del sueño es una manera de entrenar nuestra mente consciente para dormir, mientras la mente subconsciente que está soñando permanece despierta y alerta a meditaciones voluntarias. Podemos utilizar este tipo de sueño para atraer la buena suerte a nuestra vida, quizás induciendo

CONSEJOS SOBRE ENERGÍA

Estimular la mente para soñar

Animar al subconsciente a soñar, y conservar el recuerdo de los sueños, colocando hierba kushi debajo de la almohada. Con el transcurso del tiempo, nuestros sueños serán cada vez más favorables. Los sueños sobre lugares agradables, acontecimientos que mejoran la vida y sobre personas que nos llenan la vida irán siendo poco a poco realidad.

una serie de acontecimientos favorables. Los sueños agradables siempre causan resultados felices, de modo que el yoga del sueño origina un mundo interior favorable que mejora todos los aspectos de nuestra vida.

Crear sueños favorables

Como apoyo para crear nuestros propios sueños favorables, debemos colocar cerca de nuestra cama un símbolo de los Ocho Inmortales, así como un poco de hierba kushi debajo de la almohada. Los Ocho Inmortales son dioses chinos encargados de ayudar a las personas a conseguir sus metas y a conceder felicidad, salud y buena fortuna.

Fomentad la creatividad y la innovación 83

Los cristales son estimulantes para nuestra mente, y fomentan la creatividad. Colocar los cristales adecuados debajo de nuestra cama anima a nuestro subconsciente con pensamientos innovadores que benefician nuestra vida.

Cristales de cuarzo para lograr energía yang

Debemos elegir cristales de cuarzo puntiagudos. No han de ser grandes, pero conviene que hayan sido bien «limpiados» con sal de roca o sal marina. Para empezar, utilizaremos tres cristales y los colocaremos debajo de la cama formando el dibujo de una flecha justo debajo de nuestra cabeza. No todo el mundo puede soportar la intensa energía yang que emiten los cristales, por lo cual debemos concedernos un período de tiempo para acostumbrarnos. Los cristales emiten una fuerza desconocida para muchas personas y el chi de nuestro cuerpo puede tardar en habituarse a ella. Sin embargo, nuestra creatividad enseguida recibirá un impulso de energía positiva.

Colocar cristales puntiagudos limpiados con sal debajo de la cama nos servirá para desarrollar un pensamiento innovador.

Ahuyentad la energía chi negativa 84

La ira, los celos y otros sentimientos negativos intensos son algunas de las principales causas de feng shui negativo. Conviene ahuyentar esa energía dañina de nuestra mente y nuestro cuerpo, si deseamos revitalizar nuestro espacio vital con eficacia. La infelicidad en el ambiente es el principal destructor del feng shui favorable.

Crear un espacio para el chi positivo

Los pensamientos negativos pueden llegar a convertirse en un hábito. Debemos averiguar si tendemos a meditar sobre los problemas y realizar un esfuerzo positivo para tomar medidas para resolverlos, en lugar de preocuparnos por ellos. Debemos determinar las personas que nos inspiran emociones negativas e intentar reducir su presencia en nuestra vida. Si realizamos autocrítica, debemos ser benevolentes con nosotros mismos.

De esta manera ahuyentaremos el chi negativo que nos aflige. También crearemos el espacio adecuado para que el chi positivo pueda entrar en nuestra vida, al evaporarse la negatividad del chi cósmico que nos rodea. Un hogar feliz casi siempre tiene buen feng shui.

Las relaciones familiares felices constituyen una barrera contra el chi negativo.

85 Cread magia mental

Nuestra mente posee el poder de crear nuestra realidad, leyendas en las cuales los aspectos mágicos casi siempre implican la concentración profunda e interior de las personas espirituales y con talento. La clave para descifrar nuestra magia mental reside en nuestra habilidad para centrar nuestra mente en un objetivo y visualizarnos alcanzándolo.

El poder de las visualizaciones

Relajar nuestra mente y nuestro cuerpo para concentrarnos intensamente en un pensamiento concreto es una técnica que sólo se adquiere con la práctica.

Significa cultivar una mente activa y vigorosa, y evitar que nos volvamos perezosos. Debemos reservar un tiempo todos los días para ejercitar nuestra mente de la misma manera que dedicamos tiempo a ejercitar nuestro cuerpo.

Crear imágenes, o visualizaciones, y centrar nuestra mente en ellas es una manera muy poderosa de influir en nuestra realidad exterior. Visualizar escenarios de éxito para nosotros y nuestra familia, y combinar estos ejercicios mentales con buen feng shui en la disposición de nuestro hogar. Pronto notaremos cómo logramos el éxito en todos los aspectos de nuestra vida –incluyendo la profesión, la prosperidad y las relaciones– mucho más rápido que antes y con más facilidad.

86 Los símbolos manifiestan potentes realidades

Desde el comienzo de los tiempos, el Universo ha ocultado su magia en códigos: números, formas, colores y dimensiones. Contienen verdades poderosas y señales favorables que sólo se revelan a través de los numerosos símbolos que nos rodean. Muchas personas desconocen el significado de estos símbolos, que han sido siempre la clave para descifrar los secretos del Cosmos.

Las verdades feng shui

Los ocho trigramas que contiene el Pa Kua son los símbolos que ayudan a revelar el conocimiento feng shui utilizado con más frecuencia.

El conocimiento de las diferentes fórmulas del feng shui depende de los símbolos. Hacen posible descifrar los códigos ocultos del Pa Kua y del cuadrado Lo Shu. De todos los símbolos de feng shui, las líneas continuas y discontinuas de las combinaciones de trigramas son las que revelan los mayores tesoros del conocimiento del feng shui.

Claridad espiritual

En su nivel más básico, la práctica del feng shui implica la disposición óptima de los símbolos de la buena fortuna y protección dentro del hogar y la oficina, con el fin de mejorar los espacios con el chi beneficioso. El hecho de colocar amuletos dentro de la casa, según las diferentes «fórmulas» del feng shui, constituye una manera poderosa de reavivar espacios que anteriormente estuvieran estancados.

Un espacio vacío de objetos decorativos favorables también estará desprovisto de chi positivo. Al dar entrada a objetos simbólicos de buena suerte en vuestro hogar, introduciremos los beneficios positivos del feng shui favorable.

Utilizad el poder de vuestro interior: la práctica diaria 87

Para activar la buena suerte de una manera periódica, debemos desarrollar el hábito de practicar el feng shui mental todos los días. Debemos pasear por las habitaciones de nuestra casa y por el jardín, y pensar en lo que nos gustaría modificar, sustituir o mejorar.

Debemos desarrollar una familiaridad profunda con las habitaciones. Este ejercicio diario de concienciación nos llevará poco tiempo y servirá para estimular nuevas ideas para mejorar la energía de nuestro hogar.

No hay muchas personas capaces de visualizar sus casas correctamente, y a menudo no pueden recordar cada escondrijo y cada grieta. Desarrollar el hábito del conocimiento del espacio en que vivimos es fundamental para mejorar su energía de buena suerte.

Una nueva conciencia trae cambios

Al aumentar el conocimiento de nuestro hogar, lo potenciamos con la esencia vital de nuestra propia energía. Tras una semana de llevar a cabo este ejercicio diario, podremos comprobar lo que quiero decir. Debemos dejar que nuestro poder interior nos guíe y, transcurridos unos meses, habremos cambiado la apariencia, la percepción y el ambiente de todas las habitaciones. Los cambios que introduciremos probablemente serán tan graduales que no seremos conscientes del gran efecto de la transformación.

Conviene caminar por la casa todos los días, dejando que nuestros instintos nos guíen para realizar cambios.

88 Complementad vuestro feng shui con expectativas positivas

Debemos dedicar tiempo a concentrar nuestra mente en la felicidad que supone despertarnos a un nuevo día.

También resulta beneficioso escribir nuestras expectativas positivas.

Durante todos los años en que he practicado feng shui, he estado aplicando de manera simultánea el poder de las expectativas positivas a mi vida. Me invento, conscientemente, novelas en las cuales yo soy la protagonista, siempre feliz y sonriente, riéndome con mi familia y amigos más íntimos. Al hacer un hábito para toda la vida de «sueños» con resultados felices, creo que he aportado a mi vida una gran cantidad de suerte.

Despertarnos a la felicidad

Vosotros también podéis mejorar vuestra práctica de feng shui con el ejercicio de visualización que consiste en que sólo recibís buenas noticias, sólo entran buenas personas en vuestra vida y sólo buenos resultados se desprenden de todas vuestras acciones.

Para que podáis comenzar, expongo aquí un ejercicio mental matutino que podéis incorporar a vuestra vida diaria. Debéis dedicar un tiempo todas las mañanas a quedaros en la cama medio dormidos, simplemente concentrando la mente en la felicidad de levantaros un día completamente nuevo, vivos y con salud. Debéis concentraros en los resultados positivos que deseáis lograr hoy. Independientemente de lo que esperéis del día, debéis formular el deseo consciente libre de frustraciones, malas noticias e incidentes negativos. Debéis concentraros en sentiros positivos en relación con lo que está por llegar.

Meditación de luz blanca: proteged vuestro hogar 89

La protección es una parte fundamental del feng shui, protegernos a nosotros mismos y a nuestras familias contra la desgracia, los accidentes y las tragedias. En el feng shui protector, nuestra espiritualidad interior y nuestra capacidad para vivir en un estado de conciencia son especialmente poderosas. Una visualización protectora para nosotros o para cualquier miembro de nuestra familia puede convertirse en un escudo o armadura que rechace la energía nociva.

Concentrarnos en los poderes mentales

Una de las mejores visualizaciones protectoras para nuestro hogar –y, como consecuencia, para nosotros y nuestra familia– es imaginar una luz blanca que envuelva toda la casa y el jardín. Esta visualización protectora normalmente se denomina meditación de luz blanca. El refugio protector de la energía cósmica tiene un gran poder.

Activar la energía cósmica

Todas las noches, antes de irnos a dormir, debemos crear la imagen mental de la luz blanca envolviendo nuestro hogar. De este modo, estaremos creando protección para todos los que vivan en nuestra casa durante las horas nocturnas yin.

Si hacemos que esta visualización forme parte de nuestra rutina nocturna, reforzaremos la capacidad de nuestra mente para concentrarnos. En poco tiempo tardaremos menos de un minuto en crear nuestro campo de fuerza visual protector antes de dormirnos. Estaremos dirigiendo la energía cósmica hacia nuestra casa para que la rodee y nos mantenga a todos seguros mientras dormimos.

Debemos protegernos a nosotros y a nuestra casa de la energía nocturna yin, practicando meditación de luz blanca.

Capítulo cinco

Cread un carisma personal fuerte

Este apartado está dedicado a mejorar nuestra salud física y espiritual, y voy a compartir con vosotros algunos secretos de feng shui para conseguir un buen aspecto y un cuerpo fuerte. Es igual de importante el hecho de prestar atención a nuestro cuidado personal, para atraer la buena suerte, que disponer la colocación de nuestro hogar. Simplemente por el hecho de llevar colores favorables, podemos atraer el chi propicio. Si emanamos energía yang, las demás personas nos encontrarán carismáticas y atraeremos la suerte en nuestras relaciones, así como en nuestra profesión.

También existen prácticas de feng shui para fortalecer nuestra aura y empaparnos de un magnetismo que atraiga la felicidad y el éxito con facilidad. Al tratar nuestro cuerpo de manera espiritual se producen beneficios estimulantes. Mejorar nuestra práctica de esta manera nos abrirá caminos en los escondrijos internos de la mente, lo que a su vez producirá un mayor dominio y, si tenemos suerte, también el despertar y surgimiento de una auténtica sabiduría.

Un rostro agradable refleja una vibración interior 90

Ninguna cara, independientemente de lo bellas o equilibradas que sean sus facciones, puede ser carismática o favorable si no refleja la vibrante personalidad que hay en su interior. El carisma no consiste en tener unas facciones perfectas, una constitución excelente o una buena figura. No es la «envoltura» lo que crea el carisma, sino la proyección de la personalidad. Si nuestra personalidad irradia chi yang, nuestra aura hará que destaquemos en cualquier habitación, haciendo que las personas se sientan atraídas hacia nosotros.

Desarrollar el carisma

Para sacar a relucir vuestro fuerte carisma personal, debéis comenzar por crear brillo y luminosidad en vuestro interior. Debéis pensar con fuerza para ser fuertes, y amar la peculiaridad de vuestra propia apariencia para ser bellos. Quizá lo más importante de todo sea creer que vuestra personalidad tiene una gran vibración que os confiere una presencia.

Esta confianza en nosotros mismos no se produce de la noche a la mañana, sino que se logra con el transcurso del tiempo. Cuanto antes comencemos, antes empezará a brillar nuestro carisma interior. A menudo la vibración interior que deseamos desarrollar se fomenta con la creencia de que tenemos buen aspecto. De esta manera se produce un impulso simultáneo al resplandor de nuestro ser interior y exterior. Cuanto más potenciemos uno de ellos más beneficios obtendrá el otro, y viceversa.

Cuidar nuestra apariencia fomenta un sentimiento de bienestar a partir del cual puede surgir el carisma.

CONSEJOS SOBRE ENERGÍA

Hay que empezar por crear una cara favorable presentando siempre nuestro mejor aspecto

Prestar atención al bienestar físico y al cuidado personal es una manera ideal de comenzar a crear un rostro favorable. El mero acto de hacer un esfuerzo extraordinario relacionado con nuestra apariencia física, como maquillarnos para conseguir un aspecto sano, dará a nuestra confianza la clase de estímulo que hace surgir el carisma personal.

91 La armonía entre el yin y el yang atrae el chi positivo

Debemos intentar crear un buen equilibrio en nuestra vida, pues de esta manera lograremos la tranquilidad interior.

Nada es tan beneficioso como poseer un buen equilibrio entre el chi yin y el chi yang en nuestro cuerpo físico y en nuestro aspecto. Al mismo tiempo que garantiza la buena salud, esta combinación armoniosa del chi femenino y del masculino –que representa la unicidad del taichi– es lo que crea la serenidad interior que los demás encuentran atractiva.

Armonizar el cuerpo y la mente

Armonizar el yin y el yang en nuestra vida a menudo significa alcanzar un buen equilibrio en todas las cosas que hacemos, así como en nuestros alrededores. Pensemos en características opuestas: blandura y dureza, frío y calidez, tranquilidad y ruido, oscuridad y luz. Mantener un equilibrio no es tan difícil como parece. Todo lo que necesitamos es realizar un esfuerzo consciente para no ser extremos en nuestro modo de vida. Vivir con un buen feng shui fomenta la moderación en todo lo que hacemos.

Encontrar el ritmo de la vida

Cuando nuestro cuerpo no está excesivamente sobrecargado puede autorrenovarse. De igual modo, no debemos dejar que nuestros poderes mentales se agoten exigiéndonos demasiado, o dejando que los demás lo hagan. Lo mismo ocurre

El antiguo símbolo del yin y el yang representa claramente dos dibujos opuestos juntos, aunque al mismo tiempo individuales.

con nuestra energía emocional. Debemos asegurarnos de que nuestra agenda diaria incluye cantidades adecuadas de períodos de descanso y de períodos de trabajo sin que haya demasiado de ninguno de ellos.

Con esta armonía, nunca nos sentiremos muy cansados o irritados. Nuestra vida fluirá a un ritmo que creará una relajada tranquilidad interior que los demás hallarán sosegada y atractiva.

Cinco rasgos importantes de nuestra cara 92

En la cultura china, se dice que la cara es el espejo del alma. A menudo muestra mucho más de lo que queremos revelar sobre nosotros mismos y ése es el motivo de que las máscaras ocupen un lugar tan importante en la tradición china. De hecho, en la antigua China los funcionarios de los tribunales enseguida aprendieron a ocultar sus sentimientos, modales y actitudes. Conscientemente trataban de que lo que tenían en su corazón y su alma no apareciera en sus rostros. Muchos de los secretos del «Rostro Escondido» se han perdido ya, aunque las referencias a ellos siguen adornando las metáforas de los dialectos locales de la lengua china.

El misterio genera carisma

En la actualidad, utilizamos cosméticos para definir nuestros rasgos, atrayendo la atención hacia los ojos y la boca. Utilizamos base de maquillaje para que nuestra piel tenga un aspecto lo más uniforme posible, resaltando nuestra constitución. Maquillarnos el rostro es el equivalente moderno a crear una máscara, aunque sus efectos son más sutiles.

Debemos hacer que nuestra cara presente un aspecto cuidado y hermoso. Si utilizamos cosméticos para mejorar nuestra apariencia, podemos considerar el maquillaje como una máscara que oculta

CONSEJOS SOBRE ENERGÍA

¿Qué es lo que proporciona personalidad a nuestro aspecto?

La frente, las mejillas, los ojos, la nariz y la boca son los cinco rasgos más importantes que proporcionan brillo y esencia a nuestro aspecto general.

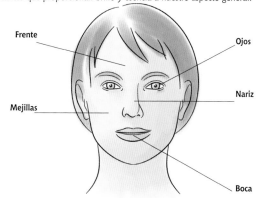

Frente · Ojos · Nariz · Mejillas · Boca

Las máscaras chinas se centran en los cinco rasgos que proporcionan vitalidad a una cara.

nuestro ser interior, o bien como una manera de resaltar lo mejor que hay en nosotros. Por ejemplo, un tono alegre de barra de labios mejora el aspecto positivo de una boca sonriente o risueña.

Hay que recordar que controlamos a la persona que estamos creando. El maquillaje es el primer paso hacia el hecho de proyectar nuestra personalidad, aunque no lo revela todo sobre nosotros mismos. El misterio es un ingrediente fundamental del carisma.

Conozcamos nuestra cara

Al igual que es importante desarrollar una conciencia de las habitaciones que tiene nuestra casa, resulta beneficioso para nosotros conocer bien nuestro rostro. Esto no es tan fácil como parece: las demás personas pueden ver nuestras diferentes expresiones, pero nosotros sólo podemos vernos reflejados en un espejo. Sin embargo, debemos realizar el esfuerzo de descubrir los colores que mejor nos van y el modo de mejorar nuestros rasgos.

93 Dad color a las mejillas para emitir energía yang

Para hacer que parezcáis más atractivas y mejorar vuestra suerte en las relaciones, debéis utilizar colorete para dar color a las mejillas. No voy a explicaros ahora lo favorable que es hacer esto, especialmente a las mujeres. Las mejillas con color dan un aspecto sano y proporcionan energía yang a todo el rostro, haciendo que la gente se sienta atraída por vosotras.

Las mujeres solteras se beneficiarán de modo particular del hecho de llevar algo de color en las mejillas, pues de este modo su aspecto brillante atraerá más pretendientes. Cuando las mejillas no tienen color, corremos el riesgo de crear la impresión de ser una persona opaca, pálida y poco interesante. Todos estos aspectos negativos se pueden eliminar en el instante que aplicáis algo de color a las mejillas, lo cual transformará vuestra cara inmediatamente.

Mi secreto para el éxito

No dejéis que nadie os disuada de seguir este consejo. En los primeros días de mi carrera profesional, cuando iba a trabajar y asistía a reuniones de la empresa con mucho colorete en las mejillas, mis compañeros, celosos de manera malintencionada, se referían a mí como «la estrella de ópera»... pero cuando me ascendían de categoría cada tres meses y esas personas trabajaban en un escalafón inferior al mío, los comentarios cesaban. Nunca les hablé del secreto de mi éxito. En la actualidad todavía llevo colorete, pero no siempre. Ya he tenido suficiente éxito y suerte, y necesito un descanso. Pero en las ocasiones especiales, para las reuniones importantes y las citas señaladas, ¡sigo poniéndome mucho colorete! Vosotras también deberíais hacerlo: os sorprenderá cómo la energía yang ilumina vuestra cara en esos casos.

Debemos ponernos colorete en las mejillas siempre, para fomentar las relaciones y la suerte en nuestra carrera profesional.

Resaltad un color que domine 94

Al vestiros y maquillaros, debéis centraros siempre en un color que domine. Éste puede reflejar bien un elemento favorable basado en las mejores orientaciones Kua de la brújula o bien el elemento del día. Para averiguar vuestro número Kua y las mejores orientaciones de la brújula, debéis visitar www.wofs.com. En este sitio también encontraréis el almanaque feng shui, que os dirá si el día es favorable para vosotras.

Llevar colores favorables

Cuando el día es favorable, hay que resaltar el elemento del día, y si es desfavorable, debilitar el elemento de ese día. Debemos saber que el rojo representa el fuego, el amarillo la tierra, el verde la madera, el negro y el azul el agua, el blanco y el color metálico, el metal. De tal modo que, por ejemplo, si el día es favorable para vosotras y su elemento es el fuego, hay que llevar rojo para tener buena suerte. Si el día es desfavorable, conviene llevar azul o negro para desviar la mala suerte.

Combinar los colores

También existen algunas combinaciones de colores particulares, que se indican en el cuadro de la derecha. Todas ellas son excelentes. Generan una armonía positiva que atrae el chi favorable hacia vosotras.

Podéis variar los tonos de los colores en la tabla, según vuestro deseo. Por ejemplo, quizá os gustaría combinar un amarillo dorado con un rojo pardo. Una combinación como ésta potenciaría vuestro chi yang, y atraería a la gente hacia vosotras, originando éxito en todas las áreas de vuestra vida.

La fórmula Pa Kua es un medio útil para averiguar cómo atraer el chi favorable y evitar el chi desfavorable. Si conocéis vuestro número Kua, podréis descubrir las direcciones de la brújula más favorables y las direcciones desfavorables.

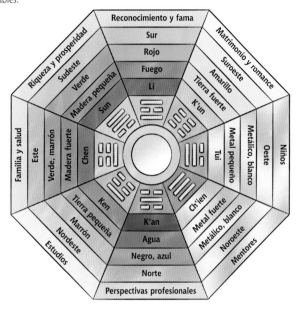

Combinaciones de colores favorables

- Azul o negro con verde
- Marrón y rojo
- Rojo y amarillo
- Amarillo y blanco
- Blanco y negro

95 Una nariz bien formada simboliza una «montaña de éxito» que origina prosperidad y suerte

En feng shui, la parte de la cara que determina la prosperidad es la nariz. Los chinos reverencian a las personas con narices grandes. Esto se cumple cuando las narices no son finas, lo cual puede conferir al rostro un aspecto famélico. Si una nariz larga está bien formada crea lo que se denomina «montaña de éxito en la zona central».

Cómo descubrir vuestro tipo de nariz

Hay muchas clases de narices. Debéis comprobar cuál es la más parecida a la vuestra y ver cómo podéis mejorarla para lograr la mejor suerte y prosperidad.

Nariz fina:
Utilizar cosméticos como polvos de color bronce para dar más forma a la nariz.

Nariz carnosa:
Si la nariz es demasiado prominente, también puede ser la causa de una mejor suerte y prosperidad.

Nariz redondeada:
Utilizar cosméticos para reducir la apariencia o carnosidad, quizá dando sombras a los lados.

Nariz elevada:
Colocada de manera elevada en la cara es un rasgo favorable.

Determinar la forma de nuestra nariz

Son preferibles las narices rectas, especialmente si la punta no está muy inclinada hacia arriba o hacia abajo. Aunque es mejor que la nariz no sea fina, tampoco debe tener un aspecto carnoso.

Si tenemos la nariz bien formada origina una «montaña» en la cara que nos traerá gran cantidad de buena suerte. Debemos recordar que la nariz es el centro de la cara y que, cuando el centro es favorable, el resto del cuerpo también lo es. Independientemente de la forma que tenga nuestra nariz, podemos mejorar su aspecto con un peinado adecuado, y darle una apariencia perfecta con cosméticos como una base de maquillaje.

Cambiar las formas

En la lectura de la cara que realizan los chinos, las narices delgadas se contemplan como un rasgo que atrae la mala suerte. Mirad a Michael Jackson: cuando era joven y tenía una nariz más grande, tenía un éxito enorme. Sin embargo, con el transcurso de los años, ha ido reduciendo la fuente de su buena suerte. Hoy día su nariz apenas existe y su suerte ha empeorado.

Nariz recta:
Una nariz recta simboliza una «montaña de éxito».

Un tono de piel claro atrae la armonía y la suerte 96

impacto directo de la luz solar. Conviene utilizar un sombrero amplio y una crema solar para proteger la cara de los dañinos rayos ultravioleta. Sin embargo, un poco de luz solar es fundamental para recibir la vigorizante energía yang. Pensemos en el efecto estimulante que causa dejarse bañar por los primeros rayos del sol.

Nuestra cara se beneficia de la energía de la luna. Esto se produce al utilizar polvos de tonos perlados, que dan brillo y luminosidad a la cara. Los chinos prefieren que la cara se parezca a la Luna y no al Sol, y por eso prefieren las caras pálidas más que las bronceadas.

Una cara pálida refleja la luz de la luna, que es favorable y preferible a una cara bronceada.

El primer paso para lograr un tono de piel perfecto es mantener la piel limpia y bien hidratada.

Según los chinos, un tono de piel uniforme es el rasgo más importante de una cara con suerte. Los hitos actuales en cremas faciales son una auténtica bendición para aquellos que desean crear una cara afortunada y carismática. Debemos asegurarnos siempre de limpiarnos la cara bien todas las noches antes de acostarnos.

Mezclar el yin y el yang

El secreto para lograr un rostro favorable es conseguir la mezcla adecuada entre el yin y el yang. Demasiada luz solar hace que el rostro se arrugue y se vuelva áspero, por lo que conviene reducir el

97 Los ojos brillantes y la mirada firme atraen el chi positivo

Nuestros ojos revelan mucha información sobre nosotros: nuestra salud, estado de ánimo, carácter y emociones. Son las ventanas por donde aparece lo que está en nuestro corazón. La gente puede descubrir mucho sobre nosotros mirándonos a los ojos. Todas las mañanas, mientras nos preparamos para el día, debemos prestar atención al aspecto que van a presentar nuestros ojos para los demás. Si queremos crear una impresión de vitalidad e inteligencia es fundamental que nuestros ojos brillen.

Ojos cansados poco favorables

Los ojos cansados, secos o rojos reflejan una apatía o una energía inestable dentro de nuestra mente y cuerpo. A menudo son la primera indicación de un «calor» excesivo en el cuerpo. Independientemente de la causa, los ojos cansados nunca son favorables, ¡por lo cual no necesitamos mencionar los ojos rojos! Los ojos cansados presentan un aspecto opaco que los hace muy poco atractivos. Suelen ser un indicio de que necesitamos sueño o chi yin relajante. Si hacemos un esfuerzo consciente por iluminar nuestros ojos, combatimos la sequedad y la irritación, y nos aseguramos de dormir lo suficiente, aumentarán nuestro carisma personal.

Dejad que los ojos hablen

Los ojos brillantes son como un imán, y atraen a la gente buena que aporta gran cantidad de chi positivo y magníficas oportunidades. También podéis utilizar maquillaje para definir los ojos y añadir brillo a las pestañas.

Un truco de feng shui es desarrollar la fuerza de nuestros ojos de manera que podamos mantenerlos abiertos sin parpadear. Los ojos firmes que tienen capacidad para mirar directamente sin pestañear reflejan una personalidad tranquila. Muchas personas incluso han desarrollado su fuerza visual para que sus ojos sean poderosamente taladradores, pero no hay necesidad de llegar tan lejos.

No debemos olvidar mantener una ligera sonrisa en nuestros ojos. Si no lo hacemos, corremos el riesgo de hacer que parezcan poco amigables o, lo que es peor, hostiles. Debemos recordar que el buen chi llega a aquellos cuyo comportamiento no es amenazante. Debemos desarrollar una mirada firme que sea amigable y acogedora, y entrar en contacto con los ojos de los demás de una manera franca.

Para proyectar una personalidad carismática hay que mantener siempre contacto visual con los compañeros y amigos.

Debemos arreglarnos todos los días 98

Una persona afortunada está siempre preparada para recibir la buena suerte con un cuerpo limpio y aseado y una cara feliz. Mi profesión actual como escritora me exige trabajar sola y en mi casa. Sin embargo, para lograr el éxito con mi escritura, me baño, después me maquillo y me pongo joyas todos los días antes de dirigirme a mi estudio a sentarme delante del ordenador. Incluso aunque no haya nadie más en la habitación, mientras estoy escribiendo estoy decidida a presentar mi mejor aspecto. De este modo también puedo recibir a cualquiera que se acerque a verme sin tener que subir corriendo a arreglarme.

No debemos ser perezosos

No tenemos por qué ser especialmente elegantes o refinados para vestir bien. De hecho, ir bien arreglados tiene poco que ver con seguir la moda. Sin embargo, debemos cuidar nuestro aspecto físico. Aquellos que se abandonan y se vuelven perezosos, suelen ser personas descuidadas cuya actitud frente a la vida les restará mucha suerte. Cuando la buena suerte llame a sus puertas, corren el riesgo de no ser capaces de reconocerla.

Por este motivo muevo la cabeza con tristeza cuando veo a personas jóvenes a las que les gusta llevar pantalones vaqueros rotos y desgastados, cuando podrían llevar pren-

CONSEJOS SOBRE ENERGÍA

Mantened la casa ordenada y arreglaos

Debéis llevar siempre la ropa limpia y bien planchada. Mantenedla colgada o apilada de forma ordenada dentro del armario para que esté lista cuando vayáis a elegirla para vestiros. Ir bien arreglado no significa que tengáis que vestir de manera formal todos los días, sino que debéis hacer de la limpieza (de vosotros y de vuestro armario) un mantra personal.

das limpias y en buen estado. Mirad a todas las estrellas de la música pop que han actuado así: ¿dónde están ahora?

El esfuerzo produce éxito

Ir bien arreglados en todo momento hace que estemos preparados para recibir la buena suerte cuando el Cosmos la envía hacia nosotros. Echad un vistazo a las personas con éxito de nuestra oficina, o en el grupo social en el que nos desenvolvemos. Descubriréis que los que hacen un verdadero esfuerzo para no tener un aspecto desastrado o indiferente son quienes tienen un gran éxito.

Es el mismo principio que adoptar la práctica del buen feng shui en el hogar. El chi nocivo y estancado se produce a partir de una actitud de negligencia. Sin embargo, si realizamos un esfuerzo por mantenernos, tanto a nosotros como a nuestro hogar, limpios y cuidados, la energía se reavivará y renovará. Disfrutaremos de mejor suerte y continuamente nos sucederán cosas buenas.

La ropa que llevamos debe darnos confianza y permitirnos afrontar los retos inesperados de todos los días.

99

Enseñad los dientes todo lo que podáis: ¡abrid la boca!

Este refrán chino poco conocido se suele utilizar para animar a los niños pequeños a abrir la boca cuando sonríen al saludar. El hecho de mostrar los dientes con una amplia sonrisa consigue muchos beneficios. Hay que pensar en las asociaciones que podemos realizar con los dientes: los usamos para masticar los alimentos, pero también para dar un mordisco y hacer daño. Mostrarlos en el destello de una sonrisa demuestra amistad, calidez y falta de hostilidad, y crea buena energía chi

Una amplia sonrisa produce calidez y felicidad, y también atrae la buena suerte, permitiendo que entre la energía del Cosmos.

de manera instantánea. El hecho de sonreír con la boca cerrada nos transmite un mensaje y un ambiente menos amigable, porque parecemos menos abiertos, incluso con el aspecto de estar ocultando algo, quizá nuestra verdadera opinión de la persona a la que estamos saludando.

Para obtener lo máximo de nuestra sonrisa, debemos cepillarnos los dientes regularmente y hacer visitas rutinarias al dentista y al higienista dental.

La energía del Cosmos

La boca es la puerta de nuestro cuerpo. Si abrimos la boca con frecuencia, dejaremos que la energía del Cosmos penetre en nuestro ser. De esta manera se fomenta la buena suerte y se simboliza que siempre tendremos más que suficiente para comer.

Tradicionalmente, se cree que tener una peca o un lunar cerca de la boca hace que sea aún más provechoso abrir la boca al sonreír. Mejoraremos nuestra aura de benevolencia y amistad, y atraeremos una gran cantidad de chi. El hecho de sonreír también hace que se ejerciten los músculos faciales y que se mantenga la cara con buen color y una apariencia juvenil.

Beneficiarnos del «poder de la palabra»

Sonreír crea buen feng shui alrededor del área de la boca, y garantiza que disfrutaremos de la buena suerte de tener relaciones afortunadas y muchos alimentos.

Una boca abierta y sonriente también sugiere que tenemos facilidad de palabra, y que somos capaces de solventar cualquier situación hablando. A las personas que desarrollan esta capacidad se las describe como que tienen «el poder de la palabra». A menudo son carismáticas, se les escucha enseguida y sus palabras tienen repercusión.

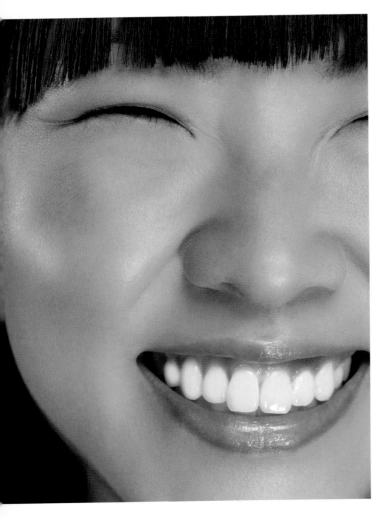

Hay que llevar joyas todos los días para lograr un chi yang resplandeciente 100

En los últimos años se ha dedicado tanta atención al hecho de añadir brillo y resplandor a la ropa, las joyas y otros accesorios, e incluso a los hogares, que muchas personas disfrutan de un feng shui yang excelente sin ser conscientes de ello.

¡Mostrad la bisutería!

Añadir algo de bisutería a la ropa diaria produce un excelente feng shui. Si lo primero que un marido ve por la mañana es a su mujer vestida y adornada con joyas, tendrá suerte durante todo el día. Lo mismo ocurre en el caso de los niños. Si en lugar de ver a su madre desastrada y medio dormida, ven a una madre arreglada como una diosa, también tendrán muy buena suerte.

No estoy sugiriendo que tengáis que vestiros ostentosamente todas las mañanas, pero si añadís algo de brillo a la ropa de diario, descubriréis la diferencia que produce en el día. Debéis llevar las mejores joyas que os podáis permitir. Aunque da mucha energía llevar diamantes y otras piedras preciosas, en la actualidad las joyas de cristal están tan logradas que su brillo es casi similar a las joyas auténticas.

Las joyas fabulosas y la bisutería ostentosa y brillante atraen el feng shui yang beneficioso.

Joyería fabulosa

Estoy encantada con la gran cantidad de joyas divertidas y bellas que hay actualmente. Podemos encontrar con facilidad joyas confeccionadas con piedras preciosas en una variedad de colores que fomentarán el elemento del día cuando resulte favorable para nosotros (*véase la página 93*). Llevar joyas de colores que retienen la luz y brillan con destellos es una maravillosa manera de rodearnos con un aura de chi yang positivo.

101 Activad el tercer ojo para ampliar el mundo

Vuestra conciencia de los mensajes recibidos después de activar el tercer ojo aumentará progresivamente. Debéis concentraros en las imágenes que aparecen en el cerebro y llevarlas a la conciencia.

En la actualidad la gente se está familiarizando con la existencia de su tercer ojo, situado justo debajo de la superficie de la piel, entre las cejas. El tercer ojo es nuestro ojo místico, que ve todos los aspectos espirituales y físicos de nuestro mundo que nuestros ojos normales no pueden ver.

Abrir la mente

Para activar nuestro tercer ojo, debemos concentrarnos en la zona que hay entre las cejas. Hay que frotar esta parte de la cara por las mañanas cuando nos despertamos y por la noche, justo antes de irnos a dormir. Después de hacer esto de manera periódica durante un mes, empezaremos a ser cada vez más conscientes de imágenes que aparecen como un destello en nuestra mente. Al principio apenas las percibiremos, o no nos parecerán importantes, pero con el transcurso del tiempo tejerán mensajes inesperados e historias en nuestra conciencia. Al abrir el tercer ojo, seremos más conscientes del espacio y el tiempo, y esto nos ayudará a vivir una vida más plena y llena de sentido.

El tercer ojo se encuentra en la frente, justo debajo de la superficie de la piel, en el centro de la cara, entre las cejas.

Activa el poder del tercer ojo frotando suavemente a su alrededor, con un movimiento circular, por la mañana y por la noche.

Descubrir nuestras facultades físicas

A algunas personas, el hecho de frotar el tercer ojo también les crea caminos hacia sus instintos más interiores. Algunas personas lo denominan una facultad física, pero no es monopolio de unos pocos elegidos. Todos podemos hacerlo, aunque lamentablemente no muchas personas confían en sus instintos. Cuando activemos el tercer ojo, debemos pensar que estamos en un estado de disposición para que las facultades físicas puedan surgir gradualmente.

Mantened la frente despejada y brillante 102

Una de las partes más importantes de la cara es la frente, que, cuando está despejada y brillante, indica un intelecto dominante y una persona de gran creatividad y visión. Cuando la frente es lisa y ancha también indica alguien que puede llevar el cetro de la autoridad. Si aspiramos a algún puesto político importante o a cualquier otro de mucha influencia conviene mantener la frente despejada de obstáculos simbólicos.

Eliminar las barreras

Debemos encontrar un peinado que nos vaya bien, sin que oculte nuestra frente. Los flequillos espesos son muy poco favorables para nuestros proyectos profesionales y de prosperidad, y crean barreras innecesarias para nuestro camino hacia el éxito. Debemos deshacernos del flequillo, independientemente de lo bonito que sea. Aunque está muy bien para los niños, desde el punto de vista del feng shui está absolutamente contraindicado en el rostro de los adultos.

Si bien el flequillo está bien para los niños, a los adultos les va mejor la frente despejada.

Un flequillo espeso oculta la creatividad y la ambición.

No dejéis que el pelo esté por encima de la cara: debéis mostrar la frente.

La frente de los hombres también puede sufrir los riesgos de estar cubierta por un flequillo.

Lo mejor es llevar el pelo retirado de la cara, para desbloquear el camino hacia el éxito.

Las frentes despejadas no plantean obstáculos al éxito profesional, y avivan las expectativas de progreso.

103 Descubrid la respiración milagrosa

Si queremos desarrollar una «presencia» –la clase de carisma que atrae la atención en el momento en que entramos en una habitación– debemos llevar a cabo un esfuerzo consciente por desarrollar una respiración profunda. La respiración milagrosa gobierna la calidad de la energía chi que nos rodea, de modo que la capacidad para respirar intensa y uniformemente sin ningún esfuerzo aparente es un poderoso instrumento para obtener buena salud y un aura de chi yang positivo.

Descubrir una potencia y vigor extraordinarios

Todas las artes marciales chinas y los ejercicios de chi kung están basados en la respiración. Esto se debe a que la respiración configura nuestra eficacia en todas nuestras actividades. Debemos empezar por prestar atención a nuestra respiración, ya que la mayoría de las personas respiran de una manera demasiado superficial. Por la noche, debemos realizar una respiración profunda para dormir mejor. Cuando nos despertemos, encontraremos que realmente estamos más descansados.

Lo mismo ocurre durante nuestras horas de trabajo. Cuando realizamos un esfuerzo para respirar profundamente, algo mágico sucede en nuestros niveles de energía. Las personas carismáticas siempre respiran de una manera profunda y constante. Raras veces se quedan sin aliento ni se cansan con facilidad.

CONSEJOS SOBRE ENERGÍA

Practicar la respiración profunda

Comenzad por descubrir vuestra respiración mágica practicando la respiración profunda y constante todos los días. Sentaos bien erguidos sobre una silla, con las manos colocadas encima de las rodillas, y concentraos en dejar que el aire fluya hacia dentro y hacia fuera de los pulmones. Haced este ejercicio hasta que logréis dominar la respiración profunda, que reactivará vuestra vida y, por extensión, vuestro hogar.

Los movimientos de taichi están basados en la constancia y en el control de nuestra respiración.

El apoyo positivo fomenta la confianza   104

El feng shui es más eficaz cuando realizamos cambios con una confianza nacida de un conocimiento y creencia firmes. Lo mismo ocurre con el desarrollo de nuestra eficacia personal. La confianza en nosotros mismos nos hace caminar más erguidos y enfrentarnos al mundo con mayor seguridad.

Las personas más seguras normalmente son las que han conseguido un conocimiento y destreza por medio de la experiencia. Se apoyan en unos cimientos firmes de seguridad y confianza en sí mismos.

Rodeaos de apoyo

Para asegurarse de mantener su actitud de confianza, las personas que tienen confianza en sí mismos se comprometen en un continuo proceso de programación positivo. Esto significa que prestan atención a la clase de personas que les rodean.

Debéis rodearos de personas que os animen y no de gente que os deprima. Conviene reducir las influencias negativas en vuestra vida, y no perder el tiempo con personas que os hacen sentiros inseguros, que cuestionan vuestras afirmaciones y que os están siempre corrigiendo con la excusa de que «lo hacen por vuestro propio bien». La confianza surge de la energía de la que os rodeáis. Cuando la gente que tenemos cerca nos da su apoyo, nuestra aura se expande, creando confianza y energía chi que atrae el éxito.

Cuando tenemos esencia generamos brillo   105

Si bien resulta excelente utilizar la práctica del feng shui para fomentar el brillo interior y exterior, no debemos olvidar la necesidad de ser personas de verdadera entidad. Los chinos expresan este ideal de entidad en la trinidad del cielo, la tierra y lo humano, las tres energías que resultan fundamentales para crear un conjunto armonioso y favorable.

Mantener la integridad

El brillo de la persona nunca puede aumentar si utilizamos métodos negativos para magnificar el aura, por ejemplo agenciándonos las alabanzas por el trabajo que ha realizado otra persona o hablando mal de los demás para destacar nosotros. Si criticamos o logramos éxito empujando a los demás hacia abajo, el aura que crearemos será defectuosa. Todos somos perfectos por naturaleza y, cuando cedemos a los instintos básicos, aparecen

alteraciones en nuestras auras. Son como los agujeros negros que hay en el espacio y ensombrecen nuestro brillo interior y exterior.

La auténtica esencia, que brilla con más intensidad, siempre procede del trabajo duro y de la auténtica creatividad personal, que nos convierte en ánimo para los demás.

106 Los sonidos espirituales avivan nuestra llama interior

Utilizad los sonidos espirituales de un mantra recitado o de un repique de tambores para proporcionar un ambiente enérgico a vuestro espacio personal.

Debemos potenciar nuestro espacio personal despertando nuestro fuego interior con sonidos espirituales. Esto aporta una resonancia divina a nuestro entorno inmediato. En el pasado, la única manera de crear estos sonidos espirituales especiales era recitando mantras, con lo cual se generaba un ritmo según la manera de cantarlos. Hoy día hay muchos sonidos espirituales de cantos muy bellos que podemos encontrar grabados, por lo que no nos será difícil elegir.

Conviene buscar grabaciones de mantras bellos y poderosos que se recitan en antiguos mo-

nasterios y conventos de monjas. Reproduciéndolos en nuestra casa, estaremos dotando a nuestro espacio personal de una atmósfera especial y poderosa.

Agua fluyendo para obtener energía chi

Podemos mejorar el ambiente de nuestro hogar con el sonido ambiental del agua fluyendo despacio, que simboliza el poder de la naturaleza. El flujo de agua crea una energía chi relajante y estimulante. El hecho de estar rodeados por esta clase de chi fortalece nuestra aura y nos proporciona éxito, buena salud y una tranquilidad de conducta muy atractiva para los demás.

El suave tintineo del metal que produce este móvil de viento improvisado genera una intensa energía chi.

Expresad verbalmente todos los momentos de éxito: ¡alegraos!   107

Concedeos permiso para pensar y hablar cuando los aspectos de vuestra vida están yendo bien, quizá cuando lográis un objetivo o lleváis a cabo un proyecto y os sentís contentos. No tengáis miedo de alabaros. De igual modo, debéis resaltar los logros de aquellos que tenéis cerca y que queréis, y celebrar el éxito con ellos. El poder de regocijaros con todos vuestros logros –y también con los de los demás– es un potente catalizador para lograr más éxitos en el futuro.

Alimentad vuestro éxito

Debéis pensar en todos los pequeños triunfos como si fueran semillas para lograr más éxito en el futuro. Vuestros logros se multiplicarán y desarrollarán en la vida si los cuidáis. Alegrarse cuando alcanzamos cualquier éxito crea las condiciones adecuadas para conseguir éxitos en el futuro.

Al extender este sentimiento de celebración hacia los demás –amigos, colegas y compañeros de trabajo– evitaréis que surjan sentimientos de envidia o de celos. De este modo os protegeréis contra el chi negativo.

Si os acordáis de alegraros de los aspectos positivos de vuestra vida con frecuencia, lograréis crear un aura de alegría alrededor de vosotros, que no será mancillada por ninguna emoción negativa u hostil.

108

Colocad encima de la cómoda una fotografía en la que estéis bien

Las imágenes en las que estéis bien os ayudarán inconscientemente a intentar conservar esos aspectos de vuestra apariencia.

Para mejorar vuestra autoestima, buscad una fotografía en la que hayáis salido muy bien, enmarcadla y colocadla sobre la cómoda. No importa si, al principio, vuestra imagen en la fotografía parece mejor que vuestro aspecto diario. Cuando la primera imagen de vosotras que veáis por las mañanas sea aquella que os recuerda lo bellas que sois –y que seguís siendo– mejoraréis la imagen que tenéis de vosotras mismas.

Mejorar la opinión de vosotras

Con el tiempo encontraréis que vuestra imagen real se vuelve incluso mejor que la que tenéis colocada sobre la cómoda. Esto es porque estáis trabajando la apariencia física y también la fuerza espiritual interior. Llegará un día en que tendréis que cambiar la fotografía por una imagen más actualizada de vosotras, pues con el tiempo vuestra belleza aumentará.

CONSEJOS SOBRE ENERGÍA

Álbumes de fotografías

Si guardamos recuerdos de toda nuestra familia en álbumes de fotos, debemos seguir las mismas normas que en el caso de nuestras fotografías. Debemos contemplar los eventos y reuniones familiares como bodas y fiestas, en los que todos tengan un aspecto magnífico y feliz.

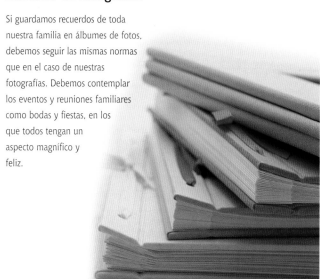

Guardad sólo las fotografías en las que estéis bien

Una norma del feng shui personal es eliminar instantáneamente cualquier fotografía de nosotros que no nos guste. No debemos conservarlas jamás, pues de ese modo estaremos guardando una imagen negativa de nosotros. No guardéis en archivos, álbumes, marcos, ni siquiera en el ordenador, imágenes personales en las que salgamos mal, que estén mal iluminadas o con un gesto negativo en la cara.

Debemos observar esta misma norma con todos los miembros de nuestra familia. Con el transcurso del tiempo, los recuerdos de todos los acontecimientos importantes de nuestra vida nos mostrarán lo bellos, contentos y vitales que estábamos. Únicamente debemos mostrar fotografías familiares en las que todos parezcan felices de estar juntos, pues esto se traduce a la realidad.

Colocad amuletos favorables sobre la cómoda 109

La cómoda es uno de los elementos más importantes que debemos activar con imágenes simbólicas bonitas de feng shui y con objetos decorativos. Me encanta que las empresas comerciales de cosméticos y perfumes gasten tiempo y dinero en diseñar cajas bonitas. Éstas mejoran el chi positivo que obtenemos al utilizar estos productos. Cuando colocamos cosméticos, cremas y perfumes agradables de contemplar encima de la cómoda, de forma instantánea creamos un ambiente de abundancia y estilo, que simboliza una vida agradable.

Objeto simbólico de suerte

Al colocar otras imágenes favorables sobre nuestra cómoda, estaremos mejorando el ambiente del feng shui matinal. Algunos de los objetos decorativos más poderosos que podemos colocar sobre la cómoda son nuestros aliados astrológicos y nuestro amigo personal, preferentemente adornado con joyas para demostrar riqueza y prosperidad. Si sois solteros, también podéis colocar vues-

Las flores constituyen un excelente amuleto, junto con los objetos decorativos con joyas que fomentan la riqueza.

tro animal de resina para activar una vida amorosa más romántica.

Joyas que logran los deseos y espejo de la suerte

Debéis buscar joyas que logren los deseos para añadir brillo a vuestra cómoda. Fabricadas con cristales coloreados de alta calidad o con cristales de plomo, son excelentes recuerdos para generar energía estimulante por la mañana temprano. Por último, debéis invertir en un buen espejo que proporcione un bello marco para vuestro rostro, de manera que vuestra imagen resulte favorable.

Debéis crear una impresión de riqueza y elegancia, colocando frascos decorativos de perfume y cosméticos en el tocador.

110 Colocad el retrato de un ser querido encima del tocador

El dormitorio es un buen lugar para colocar una fotografía de un ser querido. Si todavía estáis en la fase de cortejo de vuestra relación, debéis colocar una foto de vuestro novio sobre la cómoda. De esta manera generará sentimientos de amor por la mañana, y no hay nada más intenso para fomentar que la relación transcurra bien y sea importante. Si

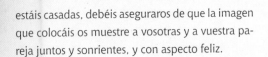

estáis casadas, debéis aseguraros de que la imagen que colocáis os muestre a vosotras y a vuestra pareja juntos y sonrientes, y con aspecto feliz.

Mostrar alegría para fomentar la alegría

En las fotografías, nuestros seres queridos siempre deben tener un aspecto de felicidad. La expresión de sus caras deja una impresión inconsciente en nuestra mente, que genera energía chi. Esto se conoce como «crear huellas en la mente». Una cara feliz crea una huella de felicidad, y su semilla, a su vez, genera aspiraciones felices.

Sin embargo, debéis tener cuidado, pues si el tocador está en el cuarto de baño, no debéis seguir esta norma. Esto se debe a que las imágenes felices de vosotros o de vuestros seres queridos nunca deben estar colocadas cerca del aseo. Sólo hay que mostrar estas imágenes sobre la mesa de tocador si forma parte del dormitorio, o si está en un vestidor.

Realizad afirmaciones positivas ante el espejo todas las mañanas 111

Al recitar enérgicamente afirmaciones verbales sobre nosotros mismos y nuestros deseos de una forma periódica, estaremos creando nuestros propios mantras personales que tienen una manera misteriosa de convertirse en realidad. Esto se produce sobre todo cuando las expresamos verbalmente contemplando nuestra imagen en el espejo. Es fundamental tener un estado de ánimo feliz y positivo al llevarlo a cabo.

Centrarnos en nuestros deseos

Recitar nuestros deseos delante de un espejo es un ejercicio increíblemente eficaz si lo repetimos todas las mañanas. Afecta a la percepción visual y auditiva dentro de nuestra mente, de modo que tiene el inmenso poder de influir en nuestra conciencia a diferentes niveles. Al recoger los ojos y los oídos los elementos sugestivos de nuestra voz y de nuestro aspecto se transmiten mensajes positivos al subconsciente. Aquí, actúan influyendo sobre los procesos del pensamiento y las pautas del comportamiento.

Potenciar nuestra aura positiva

Las afirmaciones que realizamos delante de un espejo son una manera muy eficaz de condicionarnos a nosotros mismos, de tal manera que, con el transcurso del tiempo, crearemos un aura positiva alrededor de nosotros. Esta actitud de poder llega hasta las profundidades de nuestra mente y nuestra conciencia, y es fundamental para lograr el éxito personal.

Debéis recitar en voz alta vuestras aspiraciones todas las mañanas, al prepararos para enfrentaros al nuevo día.

CONSEJOS SOBRE ENERGÍA

Sed positivos para sacar el mayor provecho posible de las afirmaciones favorables que recitáis

Recitad las afirmaciones favorables con confianza y verdadera convicción, como si fueran ciertas e inevitables. Debéis expresarlas directamente en voz alta, mirándoos a los ojos en el espejo. Al hacerlo, debéis imaginar que vuestra voz es en realidad la de vuestro ser superior, que está comunicándose directamente con vuestro ser consciente.

112 Desarrollad el hábito de las actitudes de felicidad

Se puede reducir la repercusión de la muchedumbre y de las personas desagradables favoreciendo la suerte humana y terrestre. ¡Llevar puesto algo rojo también nos ayuda!

Al mismo tiempo que trabajamos para transformar la percepción de nosotros mismos –rechazando dudas y temores con el fin de crear un «nosotros» más positivo y satisfactorio– debemos acordarnos de trabajar para desarrollar hábitos y actitudes íntimas positivas. A menos que creemos conscientemente actitudes de felicidad y fortale-cimiento y nos obliguemos a estar alegres y no resultar hostiles, sea cual sea la provocación a la que nos veamos sometidos, resulta más fácil dejar que afloren sentimientos negativos.

Aceptar las desilusiones

El camino hacia la verdadera felicidad reside en nuestra capacidad para dejarnos llevar, si es necesario, y no en agarrarnos a los resultados que deseamos. Debemos recordar que la vida de cada uno de nosotros está llena de personas y situaciones desagradables, como esa persona que nos falla o el plan que se tuerce. Dejar que estas cuestiones nos afecten depende de nosotros y de la capacidad de adaptación de nuestra persona.

Reducir la hostilidad del espacio

La práctica del feng shui puede ayudarnos a reducir las incomodidades de las aflicciones hostiles del espacio y el tiempo. Por ejemplo, debemos llevar puesto algo rojo en la oficina, si tenemos prevista alguna reunión complicada. Mantener la casa bien iluminada también nos protege contra la acumulación de chi negativo, que origina desacuerdos y malentendidos entre los miembros de la familia.

Sin embargo, también resulta provechoso trabajar en nuestra propia actitud hacia las situaciones de la vida y de las personas. De hecho, al disponer nuestra casa de una forma consciente según los principios del feng shui, estamos cuidando los aspectos humanos y terrestres de la trinidad de la suerte y el bienestar. Esto representa mucho para nuestros sentimientos de bienestar y felicidad.

Practicad para convertiros en personas con esencia 113

La raíz del éxito y de la felicidad está en sentir que somos personas con esencia. Recuerdo una vez que alguien preguntó a un candidato en unas elecciones presidenciales norteamericanas: «¿Dónde está la vaca?». La incapacidad del candidato para rebatir esta simple declaración fue tan evidente que le costó la presidencia. Aunque el «venderse bien» y la grandilocuencia están siempre presentes en la política moderna, la imagen no puede sostenerse si no hay esencia.

Ganar el respeto de los demás

Adoptar una buena práctica de feng shui os ayudará a conseguir el éxito a largo plazo. Al aumentar la conciencia de vuestra mente y convertir en hábito las pautas de pensamiento positivo, estaréis ampliando vuestro conocimiento y experiencia. Este trabajo esforzado produce éxito y reconocimiento duradero, y no hay ningún atajo para conseguirlo. Hay que ganarse el respeto de los demás y éste no llega por arte de magia. Lo bueno es, evidentemente, que la verdadera esencia está dentro de

todos aquellos que desean realizar un esfuerzo consciente por conseguirla.

Trabajad en vosotros mismos

Una vida feliz y con éxito no es algo que esté reservado sólo a unos pocos. Todos tenemos la capacidad de convertirnos en expertos en relación con las cosas que hacemos, si nos tomamos la molestia de mejorar. El escenario laboral de hoy en día es cada vez más competitivo, como ya sabemos muchos de nosotros. La mejor manera de enfrentarnos a sus exigencias es trabajar para fortalecer nuestro ser interior y aumentar nuestro carisma exterior, al mismo tiempo que intentamos hacer nuestro trabajo lo mejor posible.

Sólo ampliando nuestro conocimiento y experiencia lograremos el éxito y el reconocimiento.

Debemos disfrutar del reconocimiento de los demás cuando ha sido obtenido por medio del esfuerzo en el trabajo: está al alcance de todos.

114 Imaginaos como un genio carismático y os convertiréis en él

El éxito en la vida nunca es el resultado del esfuerzo en solitario. Siempre está unido al poder de la creencia en uno mismo. No debéis dejar nunca que las dudas debilitadoras minen vuestro coraje o mermen la confianza en vosotros mismos.

Hay un viejo refrán que dice que seréis un genio si pensáis que lo sois. También postula que, si estáis convencidos de que sois una personalidad carismática, seréis algo más que simplemente un alma inteligente, y también seréis reconocidos como tal. De hecho, el reconocimiento es la clave, pues el mundo está lleno de genios sin reconocer.

La práctica del feng shui es una técnica vital muy valiosa, pues con el simple conocimiento de unos pocos instrumentos de feng shui podemos mejorar nuestro reconocimiento al mismo tiempo que trabajamos para lograr experiencia y confianza. El conocimiento de que estamos haciendo todo lo posible para hacer realidad nuestros sueños es fortalecedor en sí mismo.

Tener fe en nosotros mismos

Intrínseco a la práctica de creer está el tener fe en nosotros mismos, así como en aquellos que quieren ayudarnos y apoyarnos en lo que hacemos. Para convertirse en genios es fundamental tener la capacidad de trabajar con los demás y reconocer su talento único. La arrogancia no tiene lugar en esta manera de pensar. El verdadero carisma es la confianza en uno mismo sin un ápice de arrogancia. Debemos pensar en esta afirmación al considerar a las personas carismáticas, sobre cuyos hombros se asienta fácilmente el éxito y la fama. Podemos aprender una lección práctica de ellos e intentar parecernos cada vez más a las personas que admiramos.

Debemos confiar en el poder de nuestras creencias para aumentar nuestro reconocimiento.

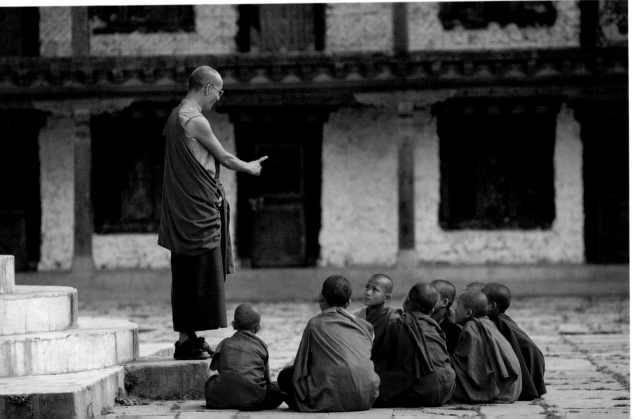

Cread un aura de éxito alrededor vuestro 115

Debéis crear una atmósfera de éxito alrededor vuestro. Y con esto no me refiero a lo que los especialistas en relaciones públicas y publicistas denominan «venderse bien», es decir, promocionarse con mucha retórica con el fin de obtener respeto y reconocimiento. Sin embargo, soy partidaria de remodelar la propia historia vital dentro de nuestra mente. Debemos centrarnos exclusivamente en todos nuestros logros positivos y hechos dignos de alabanza. Debemos recordar que existe una manera adecuada y una inadecuada de contar la historia de nuestra vida: la manera feliz y estimulante que refleja nuestros éxitos conducirá al camino hacia una mejor suerte en el futuro.

Desarrollar un pensamiento positivo

Puede que tardemos tiempo en adaptarnos al hecho de vernos desde esta perspectiva positiva. Sin embargo, al escarbar en la memoria de nuestra mente y sacar a relucir los mejores aspectos de nuestro recorrido, recordando la prueba real de nuestros talentos y puntos fuertes, estaremos creando, de una forma inconsciente, un aura de éxito alrededor de nosotros. Es un ejercicio muy valioso porque mucha gente encuentra demasiado fácil recrearse en los fallos y frustraciones, y hallará especialmente provechoso desarrollar una manera de pensar nueva y positiva.

El poder de un aura positiva

El aura, o campo energético, que nos rodea determina el modo en que los demás reaccionan ante nosotros. Cuando nuestra aura es potente y sugerente, la reacción de las personas que entran en

contacto con nosotros será muy positiva de una forma que trasciende la comunicación verbal. Pensemos en las personas que conocemos cuya presencia levanta nuestro estado de ánimo y nuestra confianza. En esto consiste el carisma, en la capacidad de ser memorable para los demás y de animar a los demás a lograr los objetivos más elevados.

El hecho de crear un aura de éxito también atrae el verdadero éxito. Es un fenómeno misterioso que, cuando se produce por primera vez, nos sorprende. Sin embargo, con el transcurso del tiempo, nos acostumbraremos a esperar que ocurra magia en todos nuestros cometidos. Llegaremos a descubrir que el éxito es un deseo que todos podemos lograr.

Dejemos que el poder positivo de nuestra aura toque todo lo que entra en contacto con nosotros.

116 Rodead vuestro espacio con imágenes de felicidad

Debemos utilizar recuerdos felices de nuestros hijos para fomentar la creación de energía chi en nuestro hogar.

El hecho de llenar la casa con objetos decorativos que estén asociados a momentos de felicidad de nuestra vida, es uno de los métodos más potentes de crear energía chi favorable. Las imágenes felices pueden ser pinturas o bordados bonitos, u objetos que tienen un sentido especial para nosotros. Otra posibilidad es colocar fotografías de personas que nos aportan alegría. Al decorar nuestro espacio personal sólo con obje-

tos e imágenes que nos agradan visualmente, estamos creando nuestro propio estilo y forma de magia feng shui.

Ahuyentar la mala suerte

Debemos tirar todo lo que nos ocasione recuerdos desgraciados, negativos o desagradables. El acto de tirar esos objetos tiene una fuerte repercusión y hace que realmente nos desembaracemos de la mala suerte y de las personas negativas de nuestra vida.

117 Debemos llevar siempre fragancias sugerentes

Conviene llevar siempre fragancias agradables y vivificantes. Estimulan nuestro sentido del olfato y, al mismo tiempo, resaltan la eficacia de la zona media de nuestra cara.

Activar la comunicación entre la mente y el cuerpo

Conviene aplicar toques de perfume en los puntos principales de nuestro cuerpo. Son la zona situada detrás de los ojos, la parte interior de los antebrazos y las muñecas. Algunas personas las denominan puntos de presión. Son los lugares a través de los cuales nuestra mente y nuestro cuerpo se pueden comunicar, pues la fragancia estimula el sentido evocador del olfato.

Utilizad perfumes para estimular los sentidos.

Practicad siempre rituales matutinos importantes 118

Debemos contemplar la mañana como el comienzo bello y favorable de un día activo, pleno y agradable. Intentaremos percibir la Hora del Dragón (de 7 a 9 de la mañana) cuando la majestuosa energía matutina yang está en todo su esplendor. Si en ese momento estáis durmiendo, desaprovecharéis esta energía revitalizadora. Debemos intentar estar en pie y funcionando para disfrutar del aire matinal especial y estimulante.

Disfrutar del fresco del día

Por las mañanas es cuando la energía yang es joven. Los rayos del sol son suaves y el calor del día todavía no es opresivo, porque todavía permanece el frescor de la noche. Es el mejor momento para llevar a cabo todos los rituales matinales importantes: algunas personas hacen taichi o yoga, y otras meditan.

Manteneos concentrados y hermosos

Estos rituales matutinos nos ayudan a concentrarnos en la energía cósmica del Universo. Por ejemplo, podemos empezar el día con un refrescante baño antes de meditar con los primeros rayos de sol. Al meditar, podremos percibir nuestra propia pureza y belleza, en presencia de lo divino, mientras penetra en nuestro cuerpo la vivificante energía yang que nos proporciona un maravilloso impulso para comenzar el día.

Por las mañanas, la meditación durante la Hora del Dragón estimula a la energía yang a penetrar en nuestra mente y nuestro cuerpo. De este modo obtenemos la vitalidad mental y espiritual que nos mantendrá llenos de energía durante todo el día.

CONSEJOS SOBRE ENERGÍA
Meditar por la mañana temprano

Antes de meditar es conveniente darnos un baño o una ducha, y después ponernos alguna de nuestras joyas más preciosas, incluso algo de bisutería brillante. Al contrario de lo que se cree popularmente, no es mejor meditar con ropa holgada o no llevar maquillaje ni joyas. Debéis realizar la siguiente meditación para que vuestro día comience de una manera excelente: cerrad los ojos ligeramente, y dejad que vuestra mente os lleve al Jardín del Edén. Allí, imaginad que os encontráis con diosas bellas y dakinis mágicas. Dejad que su bondad, pureza y divinidad penetren en vuestra alma y activen vuestro ser.

Capítulo seis

Reactivad y actualizad vuestro espacio vital

Cada Año Nuevo debemos actualizar la disposición de los muebles y la colocación de remedios y amuletos para contrarrestar las aflicciones anuales cambiantes. Esto significa que tenemos que conocer los remedios y alivios de feng shui, así como otros trucos sobre el modo de utilizar los colores en la decoración; elegir los objetos adecuados y encontrar el arte que también tenga un significado favorable. Colocados correctamente, estos artículos que nos traen suerte aportan energía chi en las habitaciones.

Debemos dejar que nuestra mente y nuestro espíritu interior trabajen juntos para formar un conjunto unido capaz de transformar la energía de nuestro espacio físico al mismo tiempo que actualizamos sus energías. Si nuestra mente está concentrada cada vez que realizamos cambios o colocamos remedios, nuestra mente conectará con el espacio aportando equilibrio y concentración a nuestro feng shui. Entonces nos resultará fácil manifestar todas las aspiraciones de cada Año Nuevo, desde tener una vida social más activa hasta mejorar nuestras relaciones profesionales.

Reactivad los ciclos de energía de vuestro hogar 119

El tiempo se divide en tres ciclos de 60 años, y cada ciclo de 12 años comienza con el año de la rata. Solapando este ciclo está el ciclo de períodos de la Estrella Voladora, dentro del cual cada período de tiempo posee su propio número poderoso. Hay nueve períodos de números, que van del 1 al 9, y en cada período domina un único número (este número también es el que tiene más suerte a lo largo de los 20 años que forman cada período).

El número del período actual es el 8; su período de veinte años comenzó el 4 de febrero de 2004. Puesto que el 8 ya es de por sí un número de buena suerte en feng shui, este período del 8 refuerza aún más su capacidad de traer buena suerte a todos, lo que confirma la gran popularidad del 8 como número y como símbolo de buena fortuna.

Anotar los cambios

En feng shui nada es estático, todo es dinámico: los ciclos de la energía bajan y suben de acuerdo con los cambios que tienen lugar en el entorno. Si bien sólo puede resultar práctico controlar los cambios que se producen en el tiempo cada año (o quizá cada mes), en realidad los cambios en los ciclos de la energía se producen en el transcurso de cada día e incluso de un instante a otro. Los antiguos adivinos de feng shui de China se pasaban la vida anotando estos cambios, siempre vigilantes en busca de las grandes oscilaciones que señalan acontecimientos importantes o cambios de fortuna, o la alineación potente y grande de un número especialmente bueno con un número malo en un instante determinado. Éstos son los momentos que buscan los astrólogos, pues son puntos de gran importancia cuando suceden cosas muy buenas o muy malas en los lugares del mundo donde se producen estas asociaciones de números.

La rata señala el comienzo del ciclo de 12 años en la astrología china. En el feng shui de la estrella voladora, cada ciclo dura 20 años.

El objeto del estudio de los números siempre fue el de predecir las aflicciones cósmicas, de manera que el conocimiento del feng shui y de sus diferentes fórmulas pudiera superar los augurios de peligro y aflicciones. Ésta también debe ser la motivación de querer conocer los cambios que se producen en la energía chi y el modo en que estos cambios nos afectan en lo personal, en nuestros hogares y habitaciones, a nivel individual. Ser conscientes de los cambios de la energía en el tiempo es un aspecto vital e importante de la práctica del feng shui.

Incorporar el feng shui de la estrella voladora

Aunque tengamos una casa muy bien diseñada que cumpla todas las «normas» de feng shui, podemos sufrir gravemente durante un año en el que las aflicciones vuelen hacia el dormitorio o roben el espacio situado alrededor de la puerta de entrada. La mala suerte del feng shui de la dimensión del tiempo se manifiesta como una gran mala fortuna y hostilidad. Las energías encontradas pueden romper relaciones, o causar enfermedades debilitadoras que originen un ataque al corazón a algún habitante del hogar.

El hecho de aprender a actualizar el feng shui de nuestra casa cada año nos puede servir para complementar la práctica del espacio, mejorando así su eficacia de un modo sustancial.

120 La actualización del feng shui comienza cada 4 de febrero

El 4 de febrero es el Día de Año Nuevo según el calendario solar Hsia, pero las fechas mensuales del calendario Hsia y el calendario lunar más tradicional pueden variar en unos cuantos días. Muchas personas desconocen que los chinos siguen dos calendarios, y también que las personas expertas en feng shui siguen tres medidas de la orientación norte.

Los calendarios Hsia y Lunar

Es decir que, a la hora de medir el tiempo, debemos estar preparados para utilizar los calendarios Hsia y Lunar, porque diferentes fórmulas utilizan diferentes calendarios para medirlo. Lamentablemente, incluso empleando el mismo calendario, no todos los adivinos se ponen de acuerdo en las fechas de comienzo y finalización del año chino, por lo cual esto no debe confundirnos. Al investigar sobre los cambios de energía en el tiempo también he descubierto que a veces la buena o mala fortuna señalada puede comenzar ligera-

Los farolillos decorados adornan las calles para celebrar el Año Nuevo. Su color rojo proporciona una potente energía yang.

mente antes o después de lo esperado. La medida del tiempo todavía es una herramienta imperfecta, pero en la práctica no hay que quedarse atrasados: si se diagnostica una aflicción, ¡debemos estar preparados y tomar precauciones con mucha anticipación!

El día con más suerte

Sin embargo, en la práctica debemos utilizar el 4 de febrero como punto de partida no sólo para actualizar nuestro feng shui, sino también para leer nuestro potencial de suerte y destino, según lo que indican las cartas astrológicas chinas. Ese día también señala el comienzo de la primavera, conocido como el día del Lap Chun. Normalmente se considera un día con mucha suerte. No obstante, si queremos averiguar qué signo animal somos, debemos utilizar el calendario Lunar, pues es el que se emplea en astrología feng shui.

Niños vestidos de modo tradicional celebran el Año Nuevo chino.

Cómo localizar las áreas de aflicción cada Año Nuevo 121

Las áreas de energía afligida chi de cualquier edificio o espacio delimitado en cada año están indicadas en la carta feng shui anual de la estrella voladora (ver dibujo a la derecha). La carta muestra las orientaciones de la brújula de nuestra casa, para averiguar de una ojeada qué zonas necesitan una atención especial debido a los cambios que se producen en la naturaleza de la energía chi en esos espacios. Si se desea, también podemos colocar una carta anual sobre el suelo, con el fin de identificar los lugares favorables y desfavorables de cada planta de nuestra casa, o para habitaciones particulares en las que pasamos mucho tiempo.

Realizar los cambios pronto

Cada año debemos localizar las áreas de aflicción y las áreas de chi favorable que afectarán a nuestra casa. Estas diferencias en la energía son fuertes e intensas en las actitudes de las personas y en su suerte, así como en la suerte de edificios y casas. Independientemente de los cambios que realicemos en nuestra casa, lo ideal es realizarlos justo al comienzo del Año Nuevo, en febrero. El hecho de atender a estas aflicciones antes de que puedan comenzar a hacer efecto producirá una gran diferencia en nuestra suerte a lo largo de todo el año.

Para actualizar el espacio de esta manera hay que utilizar la carta natal adecuada para ese año. En lo que respecta a las cartas de años futuros, conviene visitar la página web de la autora antes de que finalice el Año Nuevo para obtener las actualizaciones.

Revelar los secretos de una estrella voladora

Antiguamente, la carta de una estrella voladora sólo se revelaba y analizaba en algunos de los Almanaques Chinos anuales, que normalmente se-

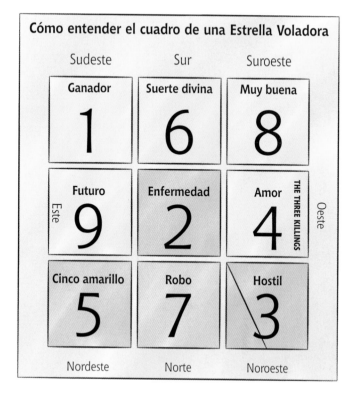

Cómo entender el cuadro de una Estrella Voladora

Sudeste	Sur	Suroeste
Ganador **1**	Suerte divina **6**	Muy buena **8**
Futuro **9** (Este)	Enfermedad **2**	Amor **4** (THE THREE KILLINGS) (Oeste)
Cinco amarillo **5**	Robo **7**	Hostil **3**
Nordeste	Norte	Noroeste

El cuadro de una estrella voladora indica las zonas de la casa que van a sufrir aflicciones anuales y que van a beneficiarse de la energía chi positiva. En este ejemplo para 2007, todas las aflicciones volaron hacia los puntos norte y centro de la carta. Para actualizarla anualmente, conviene visitar la página www.wofs.com cada Año Nuevo.

guían muchas personas tradicionales. Sin embargo, recientemente gran parte de esta importante información es conocida por el mundo anglófono, a través de mis libros de astrología anuales de suerte y feng shui, y también por mi revista y mi página web. Durante muchos años, se ha recopilado una gran cantidad de información sobre este tema que se muestra en la página web.

Se puede visitar la página y descargar de manera gratuita estas actualizaciones de estrellas voladoras, que están disponibles en cada Año Nuevo chino, hacia el mes de febrero.

122   Eliminad la estrella «cinco amarillo» de la mala fortuna

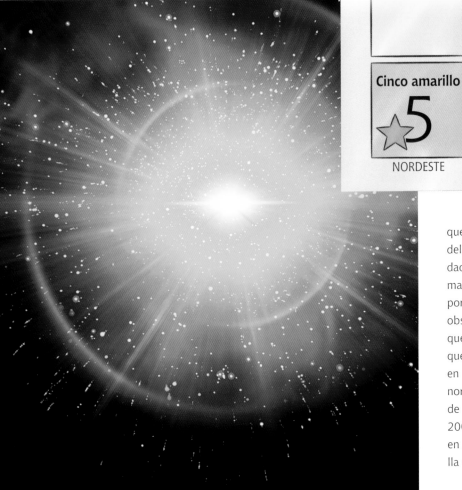

Cinco amarillo	Robo
⭐ 5	7
NORDESTE	NORTE

En 2007, la estrella Wu Wang o «cinco amarillo» voló al nordeste. En 2008 volará al sur y en 2009 se encontrará al norte.

quean las oportunidades y el éxito, y del empeoramiento de las enfermedades. Considerada como una estrella maligna, la Wu Wang está indicada por el número 5, de tal modo que al observar la carta anual, lo primero que debemos identificar es el lugar que ocupa el número 5. Por ejemplo, en 2007 la Wu Wang voló al sector nordeste, afectando a esta orientación de nuestras casas y habitaciones. En 2008, la Wu Wang estará al sur y en 2009 al norte. En 2020, esta estrella volará al suroeste.

Cómo enfrentarnos al «cinco amarillo»

Cada Año Nuevo, es fundamental localizar el lugar donde está la estrella Wu Wang en nuestro hogar, y después colocar remedios en las zonas afectadas, como la pagoda de los cinco elementos y los móviles de viento de metal de seis varillas. Asimismo, debemos tomar nota de que, independientemente del lugar donde se encuentre la Wu Wang en cualquier año, debemos mantener la zona poco iluminada y retirar todos los cristales y geodas o activadores de energía de cristal.

Probablemente, la estrella más poderosa de la mala fortuna que indica la carta anual de estrellas voladoras es la «cinco amarillo», también conocida como Wu Wang. Las desgracias que puede producir varían dependiendo de la suerte de las personas, así como de la suerte de la propia casa. Pero, en general, la aflicción Wu Wang ocasiona enfermedad, accidentes, desgracias, tragedias, traiciones y casi todo lo negativo de nuestras vidas. La Wu Wang es la causa principal del estancamiento profesional, de los obstáculos que blo-

Cómo controlar la estrella de la aflicción de la enfermedad 123

La estrella de la enfermedad lleva consigo la aflicción de la enfermedad y el padecimiento. No suele ser un simple resfriado o tos, sino algo más grave. Es realmente negativo que la estrella de la enfermedad vuele a nuestro dormitorio, porque mientras estamos durmiendo es cuando somos más vulnerables, de modo que puede causar estragos en nuestra salud.

Cómo encontrar la estrella de la enfermedad

Si la estrella de la enfermedad cae en nuestro dormitorio, el peligro de la enfermedad podría afectarnos. Sin embargo, si dicha estrella cae en un pasillo o en una despensa, la amenaza será menor. Si vuela hasta el centro de la carta, entonces todo el mundo debe tener cuidado con las epidemias y otra clase de enfermedades. En 2007 la estrella de la enfermedad dominaba el centro de la carta de la estrella voladora. En 2008, afligirá al noroeste y en 2009 volará al oeste. En 2010, residirá al nordeste.

Conservar la salud

Si la estrella de la enfermedad cae en una parte de la casa donde hay un gran espacio, el chi de la enfermedad se refuerza. Esto exigirá que utilicemos una gran cantidad de curas y remedios, siendo el mejor de ellos la energía del metal. Debemos combinarlo con las divinidades asociadas a la salud y las medicinas, como el Buda de la Medicina, el mandala del Buda de la Medicina y el símbolo universal chino de la buena salud (el Wu Lou, especialmente si incluye imágenes de los Ocho Inmortales o de de las hierbas medicinales asociadas con el bienestar).

El Wu Lou es el símbolo chino de la buena salud y constituye un remedio eficaz contra la estrella de la enfermedad. Cada año, debemos trasladar el Wu Lou al lugar afectado. Conviene comprar un Wu Lou nuevo todos los años para que aporte energía fresca y nueva.

Cómo controlar un área de aflicción

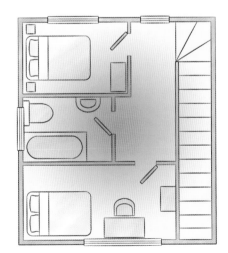

La zona afectada por la estrella de la enfermedad en esta casa cubre principalmente un pasillo, por lo cual es menos problemática. Si en los años futuros vuela hacia un rincón donde está el dormitorio, tendréis que colocar un Wu Lou allí, para reducir la capacidad de la estrella de causar enfermedades a los ocupantes de la habitación.

124   Protegeos para no ser víctimas de comportamientos hostiles

Otra aflicción muy temible que se indica en el cuadro de la estrella voladora es la estrella de la hostilidad. Normalmente es una de las aflicciones más severas y difíciles de superar, pues puede hacer que las personas se vuelvan contra nosotros sin razón aparente. Ésta es la estrella de la energía irascible, que produce malentendidos, genera un comportamiento hostil y crea, en general, malos sentimientos en las casas. En casos graves, la aflicción puede ocasionar juicios y conflictos de tipo legal, que no sólo son perjudiciales, sino que os quitarán vigor y energía. ¿Qué podemos hacer con esta terrible aflicción?

Utilizar el color rojo del fuego y el dorado, que representa el metal, para contrarrestar la estrella número 3.

Combatirla con fuego

La respuesta del feng shui a esta estrella problemática e irascible, que normalmente tiene el número 3 en la carta anual, es vencerla con la energía del fuego. Si la cura en relación con la estrella combativa hostil es el color rojo, tendrá mejor resultado cuando va acompañada por la energía del metal (o del oro). De cualquier forma, la presencia de los colores dorado y rojo juntos elimina de forma eficaz la energía hostil. Podemos exhibir una pintura de un mandala rojo, por ejemplo, un Buda sonriente con vestidos rojos, o un arma de 6 anillos del Ksitigarbha (*véase el Consejo 148*).

¿Dónde estará?

En el año 2007, la estrella número 3 estaba al noroeste. En 2008 estará situada al oeste y en 2009, al nordeste. La estrella de la hostilidad volará al sur en 2010. Si nuestra habitación o nuestra puerta de entrada están situadas en estos sectores, debemos colocar remedios para contrarrestar la estrella de la hostilidad. De este modo, nos aseguraremos de no convertirnos en víctimas inconscientes de la ira irracional y hostil. La ira es el sentimiento principal que provoca la estrella número 3, por lo que debemos protegernos contra ella con los remedios adecuados. Debemos tomarnos esta aflicción en serio, pues puede conducir potencialmente a la violencia y a la tragedia.

Resguardad la casa contra ladrones y estafadores 125

También podemos protegernos contra robos, hurtos y estafas a lo largo del año actualizando nuestro feng shui. Cada año la estrella de los robos vuela a una parte diferente de la vivienda, y cuando cae en la zona donde se encuentra la puerta principal y la puerta trasera, activa la estrella de los robos en nuestra casa.

Debemos prepararnos

Es una parte de la actualización del feng shui de la estrella voladora que no podemos ignorar o tratar a la ligera. Al comenzar el año, debemos tomar precauciones contra los robos y, como la estrella de los robos es la número 7 en el cuadro, también implica violencia con derramamiento de sangre, una aflicción nada agradable en caso de que nos afecte.

El rinoceronte azul

El remedio es un rinoceronte azul; el más eficaz es el que tiene dos cuernos. En 2008 la estrella de los robos estará al suroeste y en 2009, al nordeste. Si alguna de nuestras puertas está situada en estos sectores, debemos colocar un rinoceronte azul al lado, o un elefante. Una figura de 45 cm de alto, con la trompa levantada, está indicada para proteger y contrarrestar cualquier acción hostil contra nosotros. Un elefante con la trompa hacia arriba es bondadoso, y fomenta la fertilidad y la buena suerte de los descendientes.

Aunque la estrella número 7 de los robos ocasiona violencia en el lugar afectado, esto puede solucionarse con remedios relativamente sencillos: el elefante y el rinoceronte azul.

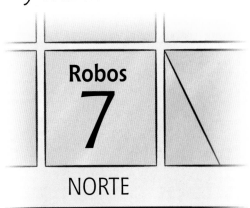

Robos

7

NORTE

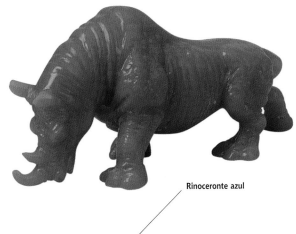

Rinoceronte azul

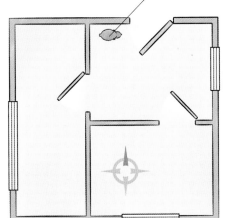

El elemento que más disuade contra los robos es la figura de un rinoceronte azul con dos cuernos situado nada más entrar por la puerta principal.

126 Conseguir el apoyo del Tai Sui o el Dios del Año

Conviene colocar una figura de un Pi Yao en presencia del Tai Sui para protegernos contra su ira y conseguir su apoyo.

Debemos dedicar una atención especial al Tai Sui, o Gran Duque Júpiter, al comienzo de cada Año Nuevo. Los seguidores del feng shui de la dimensión tiempo tienen siempre un cuidado especial de no ofender al Tai Sui. En las escuelas de feng shui que siguen los maestros de Hong Kong, se da una importancia mayor aún al Tai Sui, que es contemplado como el Dios del Año. Los maestros creen que el hecho de ofender inadvertidamente al Tai Sui hace que la desgracia caiga inmediatamente sobre la casa.

Cualquier obra de excavación, zanja o remodelación importante que perturbe el sector de la casa donde resida el Tai Sui durante el año le causará una ofensa. Puesto que su residencia cambia de un año a otro, debemos averiguar dónde está para retirar todas las televisiones, radios y otros equipos rebeldes. Durante las celebraciones de Año Nuevo, ni siquiera debemos lanzar petardos cerca de la residencia del Tai Sui.

Protección contra la mala suerte

La ubicación del Tai Sui o Gran Duque es también una dirección a la que está prohibido mirar. Si os sentáis mirando directamente hacia el Tai Sui, se dirá que «estáis haciendo frente al Tai Sui» y esto produce muy mala suerte. No podemos disfrutar de éxito cuando nos enfrentamos al Tai Sui, incluso aunque sea nuestra orientación de la suerte basada en otras fórmulas feng shui.

Con el fin de apaciguar al Tai Sui, el mejor remedio es invitar a la criatura celestial Pi Yao, la mascota del Tai Sui. Si colocamos un Pi Yao en presencia del Tai Sui, no sólo le agradaremos, protegiéndonos contra la mala suerte, sino que también atraeremos la suerte de la riqueza a la casa.

CONSEJOS SOBRE ENERGÍA

Modo de localizar el Tai Sui

Para averiguar dónde reside el Tai Sui cada año, debemos recordar que sigue el signo animal del año. De este modo, en 2007, el año del Cerdo, el Tai Sui estaba en la dirección 3 noroeste. En 2008, el Tai Sui estará en la localización sur 2, y en 2009, en el nordeste 1. En 2010, el Tai Sui residirá en el nordeste 3. De hecho, cada año se traslada 30 grados, en el sentido de las agujas del reloj, alrededor de la rueda astrológica.

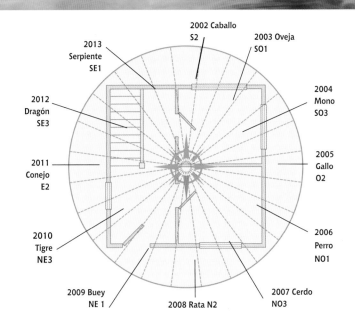

2002 Caballo S2
2003 Oveja SO1
2013 Serpiente SE1
2012 Dragón SE3
2004 Mono SO3
2011 Conejo E2
2005 Gallo O2
2010 Tigre NE3
2006 Perro NO1
2009 Buey NE 1
2008 Rata N2
2007 Cerdo NO3

Proteged vuestra casa de la estrella The Three Killings

The Three Killings es una de las «estrellas especiales» que vuelan en las direcciones que constituyen las 24 «montañas» de la brújula. Esta estrella aflictiva vuela siempre hacia una de las cuatro direcciones cardinales –norte, sur, este u oeste– y cambia de lugar en nuestra casa todos los años. Para protegernos contra la mala suerte que trae esta estrella, conviene averiguar dónde se encuentra cada año.

Tres clases de infortunios

Las desgracias que conlleva la estrella The Three Killings a cualquiera que viva en la parte de la casa hacia la cual vuela la estrella están relacionadas principalmente con la pérdida: de la reputación, del amor y la amistad y de dinero. Sin embargo, podemos anular la fuerza de esta estrella y protegernos de su influencia colocando los tres guardianes celestiales en los lugares adecuados.

Tres guardianes celestiales

El perro Fu, el Chi Lin y el Pi Yao son criaturas celestiales enviadas a la Tierra por el Dios del Cielo para proteger la trinidad de Tien Ti Ren. Los chinos han confiado en los poderes divinos de estos protectores durante miles de años.

Colocando imágenes tridimensionales de los protectores divinos cerca de la puerta principal, o en el sector afectado de nuestra casa, invocamos su presencia espiritual y creamos una protección para todos los habitantes. Se cree que los Chi Lin (caballos dragones) constituyen la mejor protección contra la estrella The Three Killings. Por esta razón conviene colocar un Chi Lin en el sector de la casa que esté afectado por la estrella.

Mantener un par de perros Fu, como símbolos protectores, colocándolos en la puerta principal mirando hacia fuera o en el lugar afectado por la estrella The Three Killings.

CONSEJOS SOBRE ENERGÍA

Cómo localizar la estrella The Three Killings

Para descubrir el lugar donde se encuentra esta estrella, hay que tener en cuenta el signo del animal que gobierna ese año. En 2007, la estrella estaba al oeste, y permanecerá ahí durante los años del conejo, el jabalí y la oveja. En 2008, The Three Killings estará al

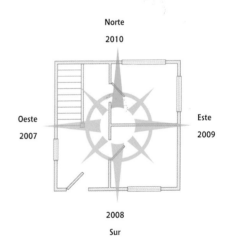

sur, donde estará situada durante los años de la rata, el mono y el dragón. En 2009, la ubicación de la estrella se trasladará al este, donde seguirá durante los tres años del gallo, la serpiente y el buey. En 2010, esta estrella se trasladará al norte, y también permanecerá en ese lugar durante los años del tigre, el caballo y el perro.

128 Cambiad la colocación de los muebles una vez al año

Es una de las maneras más fáciles y mejores de mover la energía, que permite liberar la energía estancada y cansada. Una vez al año, justo antes del 4 de febrero, debemos elegir un buen día para realizar una limpieza a fondo. Hay que mover cada pieza de mobiliario en todas las habitaciones, sacándolas de su emplazamiento habitual. Conviene aspirar y limpiar bien los espacios descubiertos. Después hay que volver a colocar los muebles en el sitio donde estaban, o aprovechar la oportunidad para realizar una nueva distribución. De este modo, no sólo se mueve la energía, sino que constituye una manera eficaz de reactivar todas las habitaciones de la casa.

Un ambiente positivo afecta a la energía

Debemos asegurarnos de que estamos en un marco mental feliz y positivo, sin que nada nos moleste. Las vibraciones procedentes de un ambiente negativo se adhieren a la energía de nuestra casa. Si trasladamos los muebles cuando estamos preocupados, enfadados o dolidos produciremos más daño que beneficio.

Ahuyentar el chi negativo

Cuando nuestra suerte parezca que es muy mala, también podemos mover los muebles de nuestra casa. Si hemos sufrido una serie de reveses, debemos tener un «remedio instantáneo», que es volver a colocar los muebles en las habitaciones en las que pasamos mucho tiempo. Yo, siempre cambio de sitio los muebles en las zonas de estar, y también en mi estudio. Al tiempo que me sirve para actualizar mis orientaciones también libero toda la energía del último año.

Cuando movemos piezas grandes de mobiliario, conviene solicitar la ayuda de algún miembro de la familia o amigo, siempre que esa persona esté contenta de ayudar y emita buenas vibraciones.

Cómo planificar la nueva disposición de una habitación

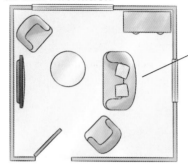

En esta disposición, el sofá está colocado básicamente alejado de la zona de la habitación donde está la ventana, en una de las direcciones favorables del año pasado.

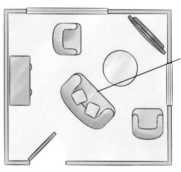

El sofá sigue dejando espacio libre para que fluya el chi, pero está orientado en una dirección favorable para el año próximo.

Potenciad la buena suerte con objetos favorables 129

Los chinos creen en el poder del feng shui simbólico. Dioses, criaturas celestiales divinas, símbolos del cielo, árboles, flores y todo tipo de formas y colores poseen una variedad de significados favorables. En la práctica, se toma la inspiración del *I Ching* (Libro de los Cambios) donde los símbolos de las líneas discontinuas y continuas tienen grandes connotaciones. El conocimiento del significado de estos símbolos, y sus relaciones con los cinco elementos, proporciona percepción para la práctica del feng shui simbólico.

Un par de Chi Lin de bronce no sólo son favorables sino que protegen contra la mala suerte en el hogar.

Una pareja de patos mandarines colocados en el suroeste activan la suerte del amor y las buenas relaciones.

Cómo localizar los ángulos con suerte

Los objetos simbólicos tienen mucho poder cuando están colocados en los ángulos afortunados de nuestra casa. Cada año son favorables zonas diferentes de nuestra casa. Debemos mantenernos al día respecto a los ángulos afortunados, utilizando una brújula para localizarlos. De esta manera podemos aumentar la suerte chi para el año.

Activar las diferentes clases de energía

El hecho de elegir objetos favorables para colocarlos en los ángulos afortunados de la casa puede resultar complicado debido a la gran cantidad de fórmulas feng shui, que recomiendan una variedad de elementos y objetos para los diferentes ángulos. Sin embargo, es perfectamente adecuado colocar múltiples objetos en cualquier ángulo para fomentar dimensiones diferentes de la suerte.

En 2007, por ejemplo, el suroeste –un ángulo de tierra– es muy favorable. Para activar su buena fortuna de estrella voladora, debemos utilizar el elemento agua para desencadenar la suerte de riqueza. Puesto que el suroeste es también el lugar donde está la energía matriarcal, podemos fomentarla colocando allí un símbolo matriarcal. De acuerdo con la fórmula de las Ocho Aspiraciones Pa Kua, el suroeste produce amor, de modo que, para potenciar la suerte romántica, también podemos colocar patos mandarines, corazones y el signo de la doble felicidad en el ángulo suroeste. Este ejemplo demuestra los diferentes niveles de entendimiento que puede tener cada una de las ocho direcciones.

Pensamiento creativo

Hay que ser imaginativos a la hora de sintonizar la práctica del feng shui para activar todos los ángulos favorables de nuestra casa sin sobrecargarla con objetos simbólicos. Por ejemplo, podemos colocar agua en el rincón suroeste de nuestro jardín, o en el ángulo suroeste del salón, y colocar amuletos románticos como los patos mandarines en el ángulo suroeste del dormitorio.

130 Reactivad los ángulos tranquilos y ahuyentad el chi negativo con sonidos

Cuando nuestra casa tiene más tiempo yin que yang, debemos compensarlo. Las casas se benefician de la presencia de la vida, o de la energía yang, de modo que tenemos que preguntarnos cómo podemos conseguirlo. Una manera es utilizar los efectos revitalizadores del sonido, que ahuyenta la energía negativa o estancada. Las notas altas son más yang, mientras que las bajas son más yin. Lo ideal es contar con una combinación de ambas.

Si nuestra casa está vacía durante todo el día, conviene crear energía de sonido mientras estamos fuera dejando la televisión, la radio o el equipo de música encendidos. También es buena idea colgar un móvil de viento en algún rincón tranquilo con el fin de reactivar el espacio y protegerlo de la acumulación de chi negativo. Debemos colgarlo cerca de un flujo de brisa pero no hay que sentarse directamente debajo de él ni colgarlo encima de una puerta.

Para superar una acumulación de yin en el interior de la casa o en las proximidades de ésta, no hay nada tan eficaz como la energía del metal. Por esta razón, los móviles de viento de metal, como estas campanillas de bronce, son más eficaces que los de madera.

131 Cread energía yang en vuestro hogar con actividad

De acuerdo con los textos clásicos de feng shui, disfrutamos de buena energía cuando logramos el equilibrio del Ti Ren en nuestros hogares. La energía del cielo, la energía terrestre y la energía humana deben estar presentes para conseguir un feng shui positivo. De las tres clases de energía, la energía humana es la más importante a la hora de crear un hogar revitalizante y reparador.

Evitar la acumulación excesiva de yin

Si vosotros y vuestra pareja tenéis profesiones en las que derrocháis mucha energía, coméis fuera y llegáis a casa para dormir, la casa será excesivamente yin. Si es vuestro caso, debéis hacer un esfuerzo para activar la energía yang, pues de otro modo las carreras profesionales se estancarán y surgirán problemas en vuestra relación. Debéis intentar comer en casa más a menudo, para que la actividad, la conversación y las risas creen energía yang. También es bueno tener mascotas como perros o gatos en casa, o un familiar mayor que viva con nosotros.

Se puede crear sonido con la televisión.

Activad vuestra casa con luces para conseguir más suerte 132

Siempre aconsejo tener las casas bien iluminadas, pues así atraen la energía yang favorable. Una estupenda manera de duplicar los beneficios de actualizar todos los años las partes favorables de nuestra casa consiste en activar con luces objetos favorables como un caballo, un dragón o un Wu Lou. Las luces brillantes sobre los amuletos simbólicos son una manera segura de reactivarlos con energía.

Aumentar la iluminación en nuestros hogares

Hoy día muchas ciudades están más iluminadas que nunca. Las calles de Singapur, Kuala Lumpur y Hong Kong están iluminadas por la noche con muchas luces parpadeantes, y no hay duda de que crean un mejor feng shui. Los centros comerciales y restaurantes con muchas luces hacen más negocio. Las luces serán todavía más eficaces en 2008, cuando la energía del fuego faltará de la carta del

Las ciudades iluminadas con luces brillantes contrarrestan la energía yin de la noche con energía yang.

Para las ocasiones especiales, podemos reactivar nuestra casa con el mayor número de luces posible; con velas pequeñas podemos lograr mesas bellamente decoradas.

año. Para disfrutar de mejor suerte, debemos aumentar la cantidad de luces en nuestro hogar. Durante la temporada de fiestas, conviene decorar los hogares con todas las luces navideñas que podamos, e iluminar los ángulos sur y suroeste.

133 Resaltad los ojos de vuestros guardianes celestiales con cinabrio

Si no podemos encontrar un ramita de cinabrio rojo, podemos utilizar un pincel empapado en pintura roja.

Es un ritual taoísta que sirve para revitalizar los guardianes celestiales de nuestro hogar. Yo coloco guardianes protectores a ambos lados de cada puerta de entrada –perros Fu y caballos dragón– pues creo que tienen un aura protectora que evita que entren en mi casa personas con malas intenciones. Todos los años reactivo mis guardianes celestiales con este potente ritual.

Con pintura roja de cinabrio, vuelvo a pintar los ojos de mis guardianes y les pongo un par de cintas y pompones nuevos. El acto de resaltar los ojos los hace parecer más vigilantes para el siguiente año. Una vez cada tres años, invito a un maestro taoísta a realizar este ritual revitalizador, y también para que compruebe si los guardianes celestiales tienen que ser sustituidos. Si no encontráis ci-

nabrio rojo, podéis utilizar pintura roja normal. También se puede utilizar cualquier pintura de esmalte, pero nunca acuarela, pues el color se quita con facilidad.

Mantener los guardianes en buen estado

A menudo me preguntan si los protectores y guardianes feng shui siguen siendo efectivos año tras año, y yo tengo que responder que depende del estado en que se encuentren. Si alguno de los guardianes está roto o resquebrajado es mejor cambiarlo por otro.

Si hemos heredado un guardián celestial feng shui o compramos una antigüedad, podemos reactivarlos y serán aún más potentes si están en buen estado, sin golpes, roturas o reparaciones.

134 Proteged la energía de la matriarca

La energía del fuego siempre activa el elemento tierra del ángulo suroeste.

El ángulo suroeste simboliza la potente energía matriarcal que refleja el nivel de cuidados que tiene una casa. La importancia de la figura materna en feng shui nunca puede resaltarse demasiado. Ella asegura que la familia permanezca y crezca unida.

En feng shui, la energía matriarcal también crea armonía familiar y suerte de romance. Cuando la presencia de la energía del fuego y de la tierra –por medio de la luz y el cristal– activa los ángulos suroeste del hogar, la matriarca tiene un enorme poder. Esto produce suerte y éxito a la casa. En el año 2007, el ángulo suroeste –el lugar de la matriarca– es especialmente favorable y en el período del 8 actual, que finaliza en 2024, el

suroeste se beneficia de la presencia del agua. Si hay un estanque, una fuente o cualquier otro tipo de recipiente de agua aquí, traerá prosperidad al hogar.

Debemos desconfiar de la energía de la madera

Hay que tener cuidado y no colocar demasiadas plantas o árboles en el ángulo suroeste, ya que la energía de la madera perjudica a la energía de la tierra del suroeste. Si la madre está amenazada por la enfermedad o la depresión, hay que retirar toda la energía de la madera de ese ángulo. En su lugar, debemos colocar luces, o un candelabro. La energía del fuego beneficia a la matriarca.

Abrid las puertas y ventanas todos los días de Luna nueva 135

Es un ritual maravilloso que se puede realizar cada vez que hay Luna nueva, y que aporta energía renovada a la casa. Conviene mirar en el almanaque feng shui para ver cuándo hay un día de Luna nueva, y abrir las puertas y ventanas de todas las habitaciones. Si el día es soleado, la energía de los 30 días siguientes será brillante y estará llena de energía chi yang. Si el día es oscuro y nublado, el aspecto no será tan prometedor debido al aporte de energía yin. Los días de Luna llena es un gran presagio cuando la energía del día es predominantemente yang.

Reactivar con incienso

Después debemos seguir este ritual de abrir las puertas para dejar que entre energía cósmica chi. Estamos limpiando y purificando periódicamente nuestro espacio vital. También podemos utilizar el incienso para reactivar nuestra casa. Aumenta la intensidad de la energía nueva, y se recomienda para los hogares en los que sus habitantes se sienten deprimidos o han estado sufriendo una racha de infortunio.

Las fases creciente y menguante de la Luna

A primera hora de la tarde del primer día de Luna nueva y 15 días a partir de entonces, debemos invitar a que su energía revitalizadora entre en casa, y abrir las puertas y ventanas. Después, se produce un período de 15 días de Luna menguante, cuando el suministro de energía está agotado.

Utilizar un quemador de incienso intensifica la nueva energía yang.

Si un día de Luna llena es soleado, hay que dejar que penetre la nueva energía yang abriendo puertas y ventanas.

136 Prestad una atención especial al lugar del patriarca

El ángulo noroeste de nuestro hogar simboliza al patriarca. En casas en las que falta el ángulo noroeste, es probable que el patriarca también falte durante gran parte del tiempo. Por ejemplo, puede estar viajando mucho por motivos profesionales, o bien quedarse hasta tarde en el trabajo, de forma regular. En las casas en las que falta el ángulo noroeste, no me sorprende averiguar que el hombre de la casa ha iniciado una relación con otra mujer. La ausencia de un ángulo noroeste produce este tipo de situaciones. Si además de carecer del ángulo noroeste la casa sufre otras aflicciones, el patriarca puede incluso llegar a morir. En el entorno profesional, la ausencia del ángulo noroeste indica una falta de liderazgo dentro de la organización.

La falta del ángulo noroeste puede ser difícil de remediar a menos que exista una manera de ampliar la casa o la oficina, construyendo dicho ángulo.

El ángulo noroeste de la casa, que simboliza al patriarca, se beneficiará de la energía del metal, que podemos suministrar colocando un objeto metálico, como un ventilador.

Evitar las aflicciones en el noroeste

Las aflicciones que se producen en el ángulo noroeste pueden originar el mismo daño que la ausencia de éste. Conviene localizar el ángulo noroeste de nuestra casa y asegurarnos de que no alberga un desván –lleno de trastos–, un cuarto de baño o, lo que es peor, una cocina. Los tres tienen feng shui perjudicial y tendrán un efecto adverso sobre el patriarca de la familia.

CONSEJOS SOBRE ENERGÍA
Utilizar la energía del metal

Para crear feng shui favorable para el patriarca de nuestra casa, debemos fortalecer los ángulos noroeste del salón, el estudio y el dormitorio con la energía del metal –elemento que representa al patriarca–. También resulta colocar una buena fotografía del patriarca, pues de este modo mejorará su energía chi. También la podemos aumentar colocando una geoda de cristal.

Tapad las estanterías descubiertas en los ángulos vitales 137

Debemos tener la precaución de no tener ninguna estantería descubierta en los ángulos suroeste y noroeste de nuestra casa, pues simbolizan cuchillos que cortan la energía del patriarca y la matriarca.

Esta aflicción feng shui es bastante habitual en las oficinas de las casas donde suele haber estanterías descubiertas detrás de la mesa de trabajo. Siempre hay que mantener esta parte de la oficina libre de mezclas. En cambio, resulta favorable tener una pared despejada en la cual colgar la imagen de una montaña. Si hay estanterías descubiertas en esta zona y las necesitamos para almacenar archivos y libros, conviene construir puertas para que queden fuera de la vista.

Protegernos la espalda de las flechas envenenadas

Es una regla de oro del feng shui proteger siempre la espalda de las flechas envenenadas. Debemos asegurarnos de que las estanterías no tienen bordes salientes que impacten directamente sobre nuestra espalda. Éstas actuarán como cuchillos o sables, enviándonos energía perjudicial que hará que resultemos estafados y apuñalados por la espalda, incluso por amigos y personas en las que confiamos.

Cubrir las estanterías con puertas que imiten cantos lisos biselados, así como con pomos que no sobresalgan, es una excelente solución si tenemos la oficina en casa.

Utilizad plantas para disimular los bordes afilados 138
y protegeos contra las flechas envenenadas

Un principio muy básico del feng shui es buscar las flechas envenenadas que hay dentro de la casa, aunque es algo que muchos practicantes apasionados del feng shui avanzado se olvidan de hacer. Esto, frecuentemente, origina tremendos infortunios y enfermedades a los residentes. Resulta fundamental echar un vistazo por la casa y tomar nota de cualquier borde afilado (que casi siempre habrá). Una de las maneras más fáciles y eficaces de suavizar los bordes afilados consiste en colocar plantas con mucho follaje.

Las plantas son ideales para cubrir los bordes afilados que hay en las casas, y así no ser el objetivo de flechas envenenadas.

Ocultar las vigas descubiertas

Es fácil familiarizarnos tanto con nuestras casas que estemos «ciegos» ante las secretas flechas envenenadas que se lanzan en cualquier habitación. Esto ocurre sobre todo en las casas antiguas, donde suele haber vigas descubiertas en el techo. Si vivís en una casa en la que hay una hilera de vigas de color oscuro encima de vosotros, debéis pensar en colocar un falso techo para ocultarlas. Si no queréis hacerlo, también podéis utilizar algún tipo de camuflaje (podéis ser todo lo creativos que queráis).

139 Colocad una luz brillante hacia arriba, cerca de la entrada

Con el fin de potenciar la energía yang cerca de la entrada de una vivienda o de una oficina es muy beneficioso colocar una luz potente hacia arriba para elevar la energía. También es un remedio muy eficaz para cualquier padecimiento que esté afectando a nuestra puerta. Una luz potente hacia arriba simboliza siempre la energía yang joven, excelente para producir buena suerte. Como la puerta principal es el palacio delantero de nuestro hogar, el hecho de mantener este espacio con mucha luz fomenta los efectos beneficiosos de un recibidor iluminado.

Remedio para un recibidor estrecho

Si nuestra casa tiene un palacio delantero pequeño, puede ser oscuro y acumular energía yin. En este caso colocar una luz potente hacia arriba es una manera muy buena de hacer que el espacio sea más favorable. La energía chi cósmica es atraída hacia un recibidor iluminado, desde donde fluye hacia el interior de la casa para reactivarla con energía yang.

Un palacio delantero amplio bañado en luz natural traerá energía yang al hogar. La luz dirigida hacia arriba cerca de la puerta y de la entrada intensifica aún más el chi positivo.

140 Colocad una o varias bolas de cristal para activar la energía cuidadora chi de la madre tierra

Uno de los métodos taoístas más populares de eliminar los enfados en el hogar entre los miembros de la familia es colocar una bola de cristal, que simboliza la energía de la tierra. Una bola grande de cristal macizo es muy eficaz, pues su poder elimina los obstáculos difíciles que pueden manifestarse en forma de problemas de relaciones, así como los bloqueos a la realización exitosa de nuestros proyectos. Las bolas de cristal simulan la energía cuidadora de la madre tierra, modeladas en forma redonda, que representa las bendiciones del cielo cósmico. Hay algo muy mágico relacionado con las bolas de cristal, incluso cuando no son de cristal natural.

La clave es tener no una, sino seis bolas de cristal, pues simbolizan la energía del cielo. Si no podemos comprarlas de cristal, podemos utilizar bolas de vidrio, que también resultan muy eficaces. Incluso podemos tener ocho bolas, en lugar de seis, con el fin de captar el poder del 8 para el período actual. Otra buena alternativa es tener una bola de cristal muy grande.

Números favorables

Los números uno, seis y ocho van muy bien con la energía terrestre del cristal. El ocho es el más favorable de todos. El número seis es el número del cielo, o del gran metal, que produce tierra. El uno es el número del agua asociado a los ingresos y la prosperidad. Los tres números activan el chi cuidador de la madre cósmica.

Poned manzanas rojas en el salón para lograr paz y armonía 141

Podéis creer que simplemente colocando un cuenco con manzanas rojas en el recibidor, el salón o el comedor se puede mejorar la armonía en nuestro hogar? Esto se debe a que la manzana simboliza la paz, mientras que el color rojo tiene el poder de ahuyentar la energía hostil en el aire.

Remedio para familias belicosas

Las manzanas rojas combinan el poder del rojo con el poder de la paz. Aquellos de nosotros que provenimos de familias grandes donde la rivalidad entre sus miembros y las peleas constantes son un problema, encontraremos muy beneficioso este sencillo remedio doméstico. Hay que colocar el cuenco con manzanas en la habitación donde suelen producirse los desacuerdos (la mesa del comedor puede ser un lugar adecuado).

Hay que cambiar las manzanas periódicamente, pues las frutas malas o amargas producen un chi perjudicial, que hace que la energía se estanque. Es muy fácil que el efecto positivo de las manzanas rojas se convierta en negativo si las descuidamos.

Las manzanas rojas jugosas son una manera fácil de introducir energía positiva pacífica.

Pak Choy: cien clases de suerte en nuestro hogar 142

A los chinos siempre les ha gustado mucho el simbolismo de las cien clases de buena fortuna. En chino, cien significa «abundancia infinita», y por eso siempre se utiliza el número cien para indicar una suerte extraordinariamente buena.

El mejor símbolo para obtener las cien clases de buena fortuna es el repollo blanco, o Pak Choy. Conviene colocar una imagen de esta hortaliza de forma bien visible en el hogar, para que todos puedan verla al entrar. Cuando alguien os la alaba, se activan los beneficios del Pak Choy. En el pasado, los mandarines y las clases superiores de la sociedad china siempre mostraban un repollo decorativo en sus hogares. Labrados en jade verde y blanco, estos objetos eran extremadamente apreciados.

En la época contemporánea, estos símbolos de buena fortuna están fabricados con cristal y resina de colores. Tienen el mismo buen aspecto y funcionan igual de bien que sus compañeros de jade.

El Pak Choy, símbolo de las cien clases de buena suerte, ha sido considerado un objeto de buena suerte en China durante siglos. Resulta muy favorable colocar una versión decorativa de esta hortaliza en el recibidor.

143 Colocad imágenes de caballos en el sur para conseguir reconocimiento

El hecho de colocar imágenes de caballos en vuestros hogares invita a la estrella del noble. Si bien el caballo aporta reconocimiento y promoción, el noble aporta prosperidad. Conviene colocar imágenes del caballo en el ángulo sur de nuestra casa para producir energía beneficiosa, pero teniendo en cuenta los años desfavorables para el caballo. En 2008, el caballo se verá afectado, de modo que hay que retirar todas las imágenes durante un año. Sin embargo, el 4 de febrero de 2009 ya podemos volver a colocar el caballo en nuestros hogares.

Para los nacidos en los años del gallo, la serpiente y el buey, el caballo es un animal de suerte de resina. El hecho de colocar un caballo en el sur –especialmente durante un año en el que el caballo disfrute de buena suerte– atrae amor, matrimonio y felicidad duradera.

Mantener un caballo en la zona sur del salón, o el sur del dormitorio, suele producir la suerte de la fama y el buen nombre. Un mono sentado encima del caballo simboliza promoción y suerte.

Hay que colocar siempre las imágenes del caballo en el ángulo sur de la casa.

Años de nacimiento del gallo, la serpiente y el buey:

Gallo	Serpiente	Buey
1921	1929	1913
1933	1933	1925
1945	1941	1937
1957	1953	1949
1969	1965	1961
1981	1977	1973
1993	1989	1985
2005	2001	1997

Para averiguar si el caballo es nuestro animal de resina, y como consecuencia, especialmente favorable para nosotros en 2007, hay que consultar el cuadro de arriba. En la página 155, hay más información sobre animales de resina.

Capítulo siete

Técnicas para avivar nuestra vida

En esta parte del libro vamos a aprender a reavivar nuestra economía, nuestra carrera profesional y nuestras relaciones con una serie de rituales especiales sobre la energía. Cada ritual fomentará nuestro éxito personal, mejorando nuestro carisma y nuestro poder interior.

Vamos a descubrir cómo una fiesta puede generar el chi que ayudará a mantener unida una familia; el modo en que los símbolos pueden atraer la prosperidad y cómo los ejercicios personales pueden garantizar que nuestros deseos se cumplan. Podemos lograr que nuestra economía personal mejore de muchas maneras: simplemente cultivar una planta en una zona favorable de la casa o escribir el signo del dólar en la mano será suficiente para motivar un cambio.

Vamos a disfrutar percibiendo cómo mejora nuestra vida, mientras los consejos aportan un impulso extraordinario a nuestra vida familiar/privada, y al equilibrio económico y profesional.

144 Reactivad una vida estancada

Colocar una geoda de cristal en la parte noroeste de nuestra casa atraerá la suerte del bienhechor y el apoyo de un bienhechor con influencia creará nuevas oportunidades en nuestra vida.

Hay que utilizar la fórmula de ocho aspiraciones del Pa Kua para colocar símbolos feng shui de buena fortuna en los diferentes ángulos de la casa. Es una fórmula sencilla pero eficaz, en la que cada una de las ocho direcciones es válida para un objetivo diferente.

Estimular la suerte de las relaciones

Si queremos reavivar la suerte de nuestras relaciones, aportando suerte de romance y amor a nuestra vida, debemos asegurarnos de que el ángulo suroeste de nuestra casa está bañado con luces brillantes para crear la energía de fuego. Ésta, a su vez, produce el elemento tierra que aporta suerte. Cualquier símbolo fabricado con cristal –como los patos mandarines y los símbolos del amor de la doble felicidad– reavivará nuestra suerte.

Activar la suerte profesional

Si nuestra vida está estancada debido a la falta de retos, debemos activar el ángulo norte de nuestro salón, o zona de trabajo, con un recipiente de agua. Un pequeño acuario generará energía yang si mantenemos unos cuantos peces que naden mucho. Esto hará que seamos ascendidos, aportando nuevas oportunidades y retos a nuestra vida laboral. La energía que emanan los acuarios es muy provechosa si estamos desarrollando nuestra carrera profesional en una empresa grande.

Generar suerte de reconocimiento

El estancamiento también puede estar causado por el constante desagrado motivado por la ausencia de éxito o por no recibir valoración positiva. Si queremos que nuestro éxito sea valorado, y conseguir reconocimiento y alabanzas, debemos activar nuestra creatividad, aportando la clase de chi que fomenta el aliento y apoyo en nuestra vida. Podemos lograrlo colocando un montón de plantas en el sur. De este modo estimularemos la

energía del elemento madera, produciendo energía vital del elemento fuego. Cuando generamos esta clase de flujo elemental en la parte sur de nuestras habitaciones, activamos la suerte del reconocimiento, haciendo que despertemos una mayor atención.

Atraer la suerte del bienhechor

Por último, si deseamos conocer a personas influyentes que puedan abrirnos las puertas adecuadas para acceder a nuevos caminos en la vida, debemos activar la suerte del bienhechor. No hay nada que haga fluir la adrenalina de una manera tan rápida como hacer que un bienhechor nos «adopte» como protegidos, dándonos el apoyo y el aliento necesario para alcanzar nuestros objetivos. Podemos atraer esta clase de suerte colocando una pieza grande de geoda de cristal en la parte noroeste de nuestra casa. Las geodas de cristal emiten energía del metal muy necesaria, aportando la suerte del bienhechor que hará que nuestra vida cambie drásticamente.

Organizad una fiesta un día especial para avivar el chi yang 145

Una de las mejores maneras de traer una racha de energía yang a nuestra casa es organizar una fiesta animada y ruidosa. Debemos invitar a un grupo de amigos que nos caigan bien, cuyas auras brillen con buenos deseos para nosotros, y que estemos contentos de reunir para festejarnos. Con esta perspectiva, una fiesta de cumpleaños es excelente.

Cuando nos sintamos deprimidos, nada nos alegrará tanto como aumentar la energía del hogar con una gran cantidad de chi humano. Lo ideal es contar con música en vivo, pero si no podemos organizarlo, también será beneficioso tener cualquier clase de música alegre.

La característica de una fiesta con buen feng shui es la abundancia de energía de la comida, los buenos deseos y la felicidad. Ésta disolverá la energía negativa que pueda haber quedado impregnada en nuestra casa, y la transformará en chi positivo.

No beber demasiado alcohol

Sin embargo, nuestra fiesta no debe convertirse en una gran borrachera. El alcohol elimina la energía favorable, por lo que debemos tener cuidado y no servir demasiadas bebidas alcohólicas. Si nosotros, o nuestros invitados, nos emborrachamos, la energía de buena voluntad de la fiesta se evaporará, disipando todos los beneficios de las horas anteriores. Una fiesta empapada en alcohol puede que también vaya seguida de una resaca al día siguiente, lo cual reducirá aún más nuestro chi, y nos rebajará el ánimo. Debemos mantener un ambiente alegre en la fiesta, pero no de borrachera.

La abundancia de platos con comida de colores variados, servida con un espíritu de generosidad, serán un magnífico comienzo para nuestra fiesta, llena de energía yang desde el principio.

146 Colgad un mandala rojo en la pared que da al sur

El rojo es el color del sur y, como consecuencia, es mejor colgar un mandala rojo en una pared que esté al sur. Protegerá nuestro hogar y atraerá la buena fortuna desde todas las direcciones.

Uno de los secretos mejor guardados del feng shui es el poder y la eficacia de los mandalas, los símbolos que representan las casas divinas de los Budas. Los mandalas puede ser circulares, cuadrados, o bien una combinación de los dos. Reflejan las energías potentes del cielo y la tierra que, cuando se combinan con la energía de las personas que viven en casa, forman el grandioso «Poder de los Cinco» en el credo budista. Éste es el poder conjunto del cielo, la tierra y la humanidad, que en feng shui se traduce como «Poder de los Tres».

Los mandalas suelen tener cuatro puertas que representan los cuatro puntos cardinales, que atraen la buena suerte desde todos los lados. Tener un mandala en nuestra casa también garantiza que las cuatro puertas están bien amparadas, y que protegen a toda la familia.

Buena suerte de todas las direcciones

Desde el sur, el mandala activa la energía del fuego, que atrae el buen nombre y la suerte de la fama y la gloria. Desde el norte, el agua atrae la suerte de los alimentos buenos y abundantes, el éxito y la prosperidad. Al estimular el elemento madera en el este, el mandala fomenta la buena salud y una vida duradera. Desde el oeste, el metal atrae la suerte de la descendencia para traer la continuidad y los sonidos felices de los niños al hogar.

Vías hacia la iluminación

Las cuatro puertas de entrada también reciben al Dharma sagrado que abre los caminos hacia la felicidad eterna y la sabiduría elevada. Si alguna vez percibimos que a nuestra vida le falta sentido, o nos encontramos en una encrucijada, debemos colgar un mandala en nuestra casa. Pronto encontraremos que aparecen nuevos caminos, que proporcionan los medios para descubrir una mayor felicidad.

Colocad un recipiente de agua al suroeste 147

La suerte de riqueza abre nuevas posibilidades y el poder de liberarnos de las ataduras de una rutina aburrida. En los años que van hasta el 2024, podemos activar el gran potencial de riqueza del «Período de 8». Su espíritu indirecto reside en el ángulo suroeste de la casa, por lo cual colocar un recipiente con agua será increíblemente beneficioso para nuestra suerte de riqueza. También constituye un excelente modo de mantener actualizado el feng shui de nuestro hogar para el período actual.

Excavar un estanque en el jardín

Para atraer una gran riqueza, el estanque de agua debe ser grande (lo ideal es construir una alberca o un estanque para peces excavado en la tierra, en la parte suroeste del jardín). Debemos asegurarnos de que el agua se puede ver desde el interior de la casa, y mantenerlo limpio.

El que decidamos activar la parte suroeste del jardín de esta manera dependerá del espacio disponible. Aunque el hecho de excavar un estanque comporta una gran tarea, los resultados valen la pena. En caso de que deseemos seguir adelante, podemos excavar el estanque antes del 4 de febrero de 2008: los beneficios en ese caso serán dobles y actuarán de una forma mucho más rápida.

Colocar un recipiente con agua en un piso

Si vivimos en un piso, la única opción que tenemos es colocar un recipiente con agua, así que debemos sacarle el mayor partido posible. Conviene elegir un diseño, como la fuente de seis niveles, que muestre el movimiento del agua. Con una utilización inteligente de la iluminación podemos mantener el agua resplandeciendo mientras fluye. También es importante que el agua esté limpia y en movimiento. Así se creará la energía yang necesaria para aumentar la suerte de riqueza.

Una fuente borboteante, o un estanque en el que el agua esté constantemente agitada por el movimiento de los peces, activará un ángulo situado al suroeste con chi yang, que atrae la suerte de la riqueza a nuestro hogar.

148   Colocad un recipiente de metal al noroeste

Para proteger la suerte del cabeza de familia, hay que colocar un recipiente de metal en la parte noroeste del salón o el dormitorio (el lugar simbólico del padre o el líder). El objeto de metal puede ser cualquiera de los productos genéricos de feng shui, como un molinillo de viento de metal, un ventilador de metal o un arma de 6 anillos del Ksitigarbha. Incluso también podría ser el equipo de música o el ordenador. Si el garaje está situado al noroeste de nuestra casa, entonces el coche puede ser el objeto metálico, con lo cual será favorable en esa zona.

Durante el año 2007 la energía del metal constituye una potente protección para nuestro hogar, por lo que el hecho de colocar objetos metálicos aumentará los beneficios. En 2008 y 2009 hay una gran escasez de energía de metal en la carta astrológica del año, por lo cual si tenemos energía de metal en el noroeste aumentaremos enormemente la suerte de la casa.

Cómo solucionar los planos de las habitaciones poco favorables

Si hay un cuarto de baño en la parte noroeste de nuestra casa, debemos reforzar la energía de metal directamente fuera de la habitación. Si un trastero está situado al noroeste de nuestra casa es mejor abrir la zona a un espacio abierto y trasladar los objetos almacenados a otro lado. En otro caso, la suerte del patriarca se queda encerrada en el espacio cerrado. Si el cabeza de familia tiene mala suerte, ésta cambiará cuando la suerte se libere desde un trastero situado al noroeste.

Lo más peligroso es cuando la cocina está situada al noroeste de la casa. Si no podemos trasladar la cocina, debemos mantener un recipiente de agua en la habitación. Conviene asegurarse de que el recipiente está siempre lleno de agua, pues de este modo podrá contrarrestar la energía negativa.

Un arma de seis anillos del Ksitigarbha es un símbolo de metal tradicional de feng shui, que produce la energía potente del elemento metal en nuestro hogar.

Permitid la entrada de energía yang en el palacio delantero de nuestra casa 149

El palacio delantero es la parte de la casa por donde entra la energía chi. Siempre es el espacio que está justo dentro de la puerta de entrada principal, a menudo denominado recibidor. Manteniendo abierta, el mayor tiempo posible, la puerta principal que está frente al palacio delantero permitiremos que entre en la casa una corriente uniforme de energía yang revitalizadora.

Evidentemente, también hay que tener en cuenta la seguridad, pero si tenemos una valla alrededor de nuestra finca, podemos dejar la puerta de la casa abierta (especialmente si tenemos un perro que ladre a los extraños). Los guardianes protectores de feng shui, como una pareja de perros Fu, también protegerán la casa de cualquier energía nociva que pueda entrar por la puerta principal.

Mantener los pasillos despejados

Este palacio delantero debe estar despejado para que la energía sea favorable en todo momento. La buena energía de esta zona fluirá hacia el resto de la casa, siempre que no esté obstaculizada. No hay que dejar nunca zapatos ni zapatillas ahí, pues es como si diéramos una patada a la buena energía chi que entra. En su lugar, debemos guardar los zapatos dentro de un armario y colgar en otro lado los abrigos de las personas que vengan de visita.

Nunca debemos dejar que se amontonen los periódicos y revistas cerca de la puerta que da al palacio delantero. Este tipo de obstrucciones hará que se manifiesten obstáculos de forma imprevista en nuestra vida profesional y personal. Por ejemplo, podemos hallar que contratos ya apalabrados

Un palacio delantero bien iluminado, amplio y despejado atrae la energía chi benéfica hacia el hogar.

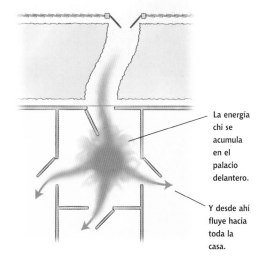

La energía chi se acumula en el palacio delantero.

Y desde ahí fluye hacia toda la casa.

sufren complicaciones inesperadas y que relaciones antes muy buenas se vuelven malas. Sin embargo, un palacio delantero despejado, aireado y bien iluminado permite que la energía chi se acumule antes de entrar en la casa, mejorando la buena fortuna en todos los aspectos de nuestra vida.

150 Colocad una pintura de cien aves fuera de la puerta principal

Las imágenes de aves atraen la buena fortuna. Cuantas más aves haya mejor, independientemente de su clase, aunque son muy favorables las que tienen el plumaje de muchos colores.

Este maravilloso consejo ha beneficiado a muchas personas desde que por primera vez sugerí que había que aconsejar a mis lectores que lo siguieran. En feng shui, las criaturas con alas simbolizan la variedad de oportunidades que tienen el potencial de cambiar la vida para mejor. Las aves –especialmente las que tienen el plumaje de colores– no sólo atraen las buenas noticias hacia el hogar, sino que nos abren los ojos hacia nuevas ideas creativas.

Si tenemos pensado crear una empresa o comprarla, debemos buscar un cuadro donde aparezcan cien aves, mil aves e incluso un millón de aves, cuantas más mejor. Si podemos encontrar un cuadro con un millón de aves –la mayoría de las cuales serán como puntos en el cielo– y nos resulta atractivo, podemos colocarlo en nuestra

casa, pues con toda seguridad nos traerá buena suerte. En Nueva York hay una famosa galería de arte que vende las obras de un artista de Singapur muy conocido, que sólo pinta cuadros con millones de aves. Sus obras cuestan millones y se ha hecho rico sólo vendiendo estos cuadros de millones de aves.

Las aves son siempre favorables

Todas las clases de aves pueden estar representadas en el cuadro y traer buena suerte. Ningún ave trae nunca malas noticias. Incluso los cuervos –que se dice son mensajeros de los dioses omnipotentes, benévolos, pero coléricos– y las lechuzas, símbolos de sabiduría, tienen connotaciones positivas a pesar de que algunas personas creen que dan mala suerte.

Cread en el salón una estrella afortunada de la montaña   151

Podemos avivar las relaciones en nuestra vida con la estrella afortunada de la montaña. En el feng shui de las estrellas voladoras, la estrella favorable de la montaña no sólo atrae la buena salud y una vida duradera, sino una suerte asombrosa en el aspecto de las relaciones. Con la ayuda de la estrella afortunada de la montaña, seremos muy populares, estaremos rodeados de amigos y nos invitarán a todas las fiestas.

Un atajo hacia la buena suerte

Si utilizamos este truco no tenemos que comprender el feng shui de la estrella voladora para crear una estrella favorable de la montaña en nuestro salón. En primer lugar, colocaremos una mesa o una alacena que nos llegue por la cintura en el ángulo de la habitación que esté diagonalmente opuesta a la puerta principal. Sobre ella colocaremos una geoda de cristal (cuanto más grande sea la geoda y más parecido tenga con una montaña, mejor). Será aún más favorable si podemos encontrar una geoda de cristal con forma de monta-

ña con tres cumbres. Si queremos, podemos utilizar una geoda de amatista, pero sólo si tiene forma de montaña y no de cavidad.

A continuación, colocaremos una luz brillante encima de la geoda de cristal para activarla, con lo cual haremos surgir sus beneficios y la ayudaremos a que emane la energía que atrae la buena suerte en las relaciones y la amistad. Al crear una montaña de suerte en el salón, también se activa la suerte «Período de los 8», pues el elemento del ocho es la tierra.

A la hora de buscar un cristal o geoda de amatista adecuado, hay que tener en cuenta la forma de las cumbres de las montañas.

Reactivad las finanzas con una fuente de seis niveles   152

Podemos instalar esta fuente especialmente diseñada para el interior si queremos reactivar la estrella del agua ocho del cuadrado de la estrella voladora, así como el espíritu indirecto del suroeste. Si no sabemos dónde está situada la estrella ocho del agua en nuestra casa, debemos colocar la fuente en el ángulo suroeste, norte, este o sudeste de nuestra sala de estar, pues todos ellos se benefician con la presencia del agua.

En feng shui, el número 6 simboliza la «energía del cielo», de tal modo que los seis niveles de la fuente simbolizan que el agua procede del cielo. Una

montaña de tres cumbres detrás de la fuente atrae el éxito para la próxima generación. Como consecuencia, es muy beneficiosa para las familias que tengan niños. Las tres cumbres son igual de beneficiosas que la «puerta del dragón» que está en la fuente del «río», que transforma las carpas en dragones.

La fuente está iluminada con luces de cinco colores, que simbolizan los cinco elementos y potencian la energía chi del ángulo donde está colocada. Debemos asegurarnos de que el agua se mantiene fluyendo.

El agua, al fluir, atrae la energía yang y la riqueza hacia nuestro hogar.

153 Llevad el colgante de oro del abanico transformador

El abanico es un poderoso símbolo que puede transformar la mala suerte en buena. En China, la importancia de los abanicos es legendaria. Los cortesanos imperiales raras veces carecían de abanico, que al parecer tenía fama de rechazar las malas vibraciones de las habladurías negativas. A través de la historia, se utilizaban los abanicos como protección simbólica contra las intenciones malévolas de los colegas y personas celosas. En la era moderna, el abanico se sigue utilizando para producir cambios en la suerte en las casas que sufren de una mala suerte excesiva.

Transformar la suerte

Si nosotros (o nuestras familias) hemos sufrido una serie de desgracias, o una racha de enfermedades, llevar puesto un colgante con la forma de un abanico atraerá la buena suerte en nuestras vidas. Lo mejor es un abanico de oro, pues necesitamos la energía de metal del oro. Debemos llevar el abanico día y noche, al menos durante tres meses. Nuestra suerte mejorará dentro de las dos primeras semanas. Una vez que la mala suerte se haya transformado absolutamente en buena suerte, ya no tendremos que seguir llevando el colgante. Sin embargo, debemos guardarlo bien, pues nunca sabemos cuándo tendremos que utilizarlo de nuevo.

El abanico es un símbolo poderoso en la tradición china y el feng shui, que no sólo protege a su propietario contra los efectos de la energía malévola, sino que transforma eficazmente la mala suerte en buena suerte.

Llevad siempre el anillo mantra que sirve para conseguir los deseos 154

Se cree que los mantras sagrados que se originaron en sánscrito antiguo han sido transmitidos directamente de Buda. Son sonidos sagrados que simbolizan los poderes divinos de la conciencia más elevada que se encuentra en nuestro interior. Las facultades que invocan tienen un beneficio ilimitado, aunque el modo en que se manifiestan depende de la mente de la persona que los recita. Todos los mantras sagrados tienen un gran poder, pero diferentes mantras atraen distintos beneficios.

Los budistas creen que los mantras cantados, escritos y llevados en la ropa pueden proteger a las personas y ayudarles a desarrollar de una forma gradual niveles de conciencia más elevados.

Los mantras sagrados, escritos en un anillo o impresos en caligrafía china en telas tienen un gran poder. No sólo sirven para que se cumplan nuestros deseos, sino que también nos proporcionan paz interior.

Lograr nuestras metas

El mantra que sirve para conseguir los deseos –también conocido como el «Mantra del Pináculo del Loto del Buda Amoghapasha»– nos sirve para conseguir nuestros deseos cuando lo llevamos o lo cantamos. Las metas pueden ser espirituales, emocionales, mentales, físicas y materiales.

Podemos llevar el mantra:

OM PADMO USHNISHA
VIMALE HUM PHAT

en la cara interior de un anillo mantra y fomentar los beneficios que aporta a nuestra vida amorosa, nuestras relaciones, familia, salud, éxito profesional o prosperidad, recitándolo al mismo tiempo.

Conviene llevar el anillo mantra en cualquier dedo, o como colgante alrededor del cuello. Manteniendo este anillo sobre el cuerpo, creamos un aura protectora que nos defiende contra las vibraciones negativas. También planta la semilla de las bendiciones que se producen como consecuencia de estar siempre cerca de las palabras sagradas. El efecto es crear en nuestro interior una sensación de tranquilidad y un sentimiento de gran benevolencia hacia los seres humanos.

155 Llevad escrito el signo del dólar en la mano durante quince días

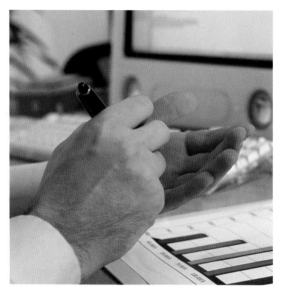

Para aumentar nuestra prosperidad debemos escribir el signo monetario que elijamos con tinta roja en la palma de nuestra mano un día de Luna nueva, y llevarlo durante quince días de Luna creciente.

Es una interpretación moderna de un antiguo rito taoísta, muy popular entre los estudiantes del Tao. Era joven cuando conocí este rito por primera vez, cuando me dijeron que escribiera la palabra Fook o «Suerte» en la palma de mi mano.

Me olvidé del rito hasta que llegué a vivir a Hong Kong durante mis años de empresaria. En esa época, un viejo practicante taoísta me aconsejó que me escribiera el signo del dólar en la palma de la mano un día de Luna nueva. Después, tenía que llevarlo durante los quince días de Luna creciente. ¿Y sabéis lo que pasó? Que pronto logré firmar un acuerdo para adquirir unos grandes almacenes. Ese acuerdo fue un éxito y, desde entonces, recomiendo este rito a nivel privado, con el mismo éxito.

Utilizar pintura de cinabrio roja para que el efecto sea mayor

Podemos utilizar pintura de cinabrio roja para escribir el signo del dólar. Si tenéis un signo monetario diferente en vuestro país –como la libra, el yen o el euro– debéis emplearlo en lugar del signo del dólar. Con frecuencia hay algo mágico relacionado con los signos que indican la moneda, lo mismo que la tinta roja tiene una cualidad estimuladora, sobre todo la de cinabrio. Mientras lo escribimos, debemos concentrarnos, de tal manera que los signos estén impregnados del poder de nuestra fe y de nuestra energía positiva.

Llevad joyas mantra de oro para atraer el chi benéfico 156

Hay mantras muy bellos que se pueden llevar en forma de joyas de oro. Un mantra de oro es una excelente forma de invocar el poder de esas sílabas y sonidos sagrados, que activan una energía divina especial.

Llevar mantras sagrados como adornos no tiene tan buen feng shui como el que inspira el feng shui. He descubierto que las tradiciones del budismo tibetano incluyen muchos rituales que parecen similares a los del feng shui, exceptuando que el budismo utiliza muchas sílabas y símbolos espirituales para atraer la buena fortuna o protegernos contra el infortunio.

Llevo diez años estudiando e investigando sobre rituales budistas tibetanos y he descubierto maravillosos símbolos, mantras y rituales de protección y mejora de la suerte. Llevar joyería mantra de oro es una de las maneras más populares de protegernos contra el infortunio, los daños al espíritu y otras clases de mala suerte.

Mantras populares

De los numerosos mantras modelados en colgantes, pulseras y anillos, quizá los que más se llevan a nivel general son los que incorporan los mantras más populares, el de Tara, la Madre de todos los Budas:

OM TARE TUTTARE TURE SOHA

que quiere decir «que el significado del mantra penetre en mi mente» y el mantra del Buda Benevolente:

OOM MANI PADME HUMA

Todas las enseñanzas de Buda están contenidas en este mantra, que no puede traducirse en una simple frase. Invoca la benevolencia y empatía para todos los seres vivos.

Asimismo, podemos buscar sílabas semillas poderosas como OM o HUM fabricadas en oro y modeladas como colgantes. Estos colgantes pueden adoptar la forma de adornos personales, pero realmente son núcleos de potente energía protectora. Cuando los llevamos, debemos visualizar los rayos de luz bendita que emanan de ellos. Esta clase de visualización activa su poder. Si nos encontramos en cualquier situación de peligro, o tenemos cualquier clase de premonición, debemos frotar el colgante y recitar el mantra. Veremos cómo nuestros temores desaparecen inmediatamente, dejándonos mucho más tranquilos.

Llevar joyas mantra de oro y visualizar su poderosa energía positiva es una excelente manera de fomentar nuestra espiritualidad y de ahuyentar la mala suerte.

157 Reactivad una habitación con el signo del Sol y de la Luna

Los signos del Sol y de la Luna tienen una energía estimuladora, especialmente cuando están juntos. La Luna Nueva se percibe como una forma de media luna y el Sol se representa como un círculo completo. Juntos forman el signo del Sol y la Luna que, con el transcurso del tiempo, ha evolucionado hacia el lingote de oro chino. La Luna Nueva constituye la base, con los extremos inclinados hacia arriba, y el Sol aparece encima.

Equilibrio entre el yin y el yang

Los signos del Sol y de la Luna tienen varias connotaciones favorables. En primer lugar, significa el equilibrio entre el yin y el yang, siendo la Luna yin y el Sol yang. Este signo también representa la noche y el día, cuando la luz de la luna y la luz del sol bañan la Tierra con su resplandor.

Un espejo con la forma del Sol colocado de forma favorable reflejará la energía yang hacia el interior de nuestra casa.

Las formas de los lingotes chinos están basadas en los signos del Sol y de la Luna.

La luz de la Luna aporta serenidad y permite a la gente recuperar su fortaleza y resistencia, incluso cuando descansan, mientras que la luz del Sol aporta vida, cosecha y prosperidad. Una no puede existir sin la otra. Si no tenemos tiempo para descansar el cuerpo y vivificarlo, nuestra mente y nuestro espíritu no podrán sacar el máximo provecho de la luz y la energía del Sol. Juntos, el Sol y la Luna son una potente fuerza estimuladora de la energía.

Activar el poder de los signos

Dado que los lingotes chinos no sólo representan el Sol y la Luna, sino que además son un símbolo de riqueza y prosperidad, constituyen un maravilloso símbolo de buena suerte para incorporar a nuestros hogares.

Otra manera de atraer la energía iluminadora del Sol y de la Luna hacia nuestra casa es colgar en el salón un dibujo o un tapiz bordado con sus signos. Para activar su energía debemos manifestar el poder de los signos.

Pintad la zona del sudeste de azul fuerte para reactivar la suerte de la riqueza 158

De acuerdo con la fórmula Pa Kua del feng shui, la localización sudeste de la casa es el ángulo de la riqueza. El elemento del ángulo sudeste es la madera –símbolo de crecimiento– que se activa por medio del agua. Al reactivar el ángulo sudeste con los elementos madera y agua, crearemos inmediatamente suerte de riqueza.

Si bien la presencia del agua en el ángulo sudeste es muy favorable, puede que no resulte práctica. Cuando una habitación es demasiado pequeña para albergar un recipiente con agua, podemos pintarlo en la pared en algún tono de azul que produzca un efecto de energía similar a la del agua y aumente nuestra prosperidad.

El color azul fuerte simboliza el agua

Debemos localizar la pared sudeste de nuestra habitación favorita. Puede ser la de nuestro dormitorio o la de una habitación en la cual la familia pase mucho tiempo, como la sala de estar. Conviene pintar la pared que da al sudeste con el tono azul intenso de las aguas profundas. Esta pared que simboliza la presencia del agua desprende energía de la madera que produce chi de crecimiento. Todos los miembros de nuestra familia se beneficiará de ella. Quizá deseemos desarrollar la misma idea en nuestra oficina, donde una pared pintada de color azul en la parte sudeste hará que aumenten los beneficios.

Evitar un exceso de energía yin

Sólo hay que pintar la pared que está al sudeste. Debemos resistirnos al impulso que nos empuja a pintar toda la habitación, pues de ese modo quedaría demasiado yin, y ahogaría a los residentes que viven en ella, de una manera simbólica. Esto se refiere incluso a los dormitorios y el cuarto de baño, donde resulta aceptable que haya más energía yin que en otras zonas de estar.

Colocar un mueble de madera contra una pared azul situada al sudeste permite que el elemento madera active el elemento agua, fomentando la suerte de riqueza.

CONSEJOS SOBRE ENERGÍA

Localizar la pared que está al sudeste

Utilizar una brújula para localizar la pared del sudeste. De pie en el centro de la habitación, primero localizaremos la pared norte y después la orientación de las demás paredes.

Debemos recordar que podemos elegir nuestras habitaciones favoritas de la casa y pintar de color azul la que da al sudeste. También podemos hacer lo mismo en nuestra oficina: una pared de color azul al sudeste hará que aumenten los beneficios de nuestra empresa.

159 Colocad sal marina o sal de roca dentro de la cartera para atraer la suerte del dinero

La sal marina, o la sal de roca, originada por los océanos del mundo, es uno de los instrumentos más poderosos que se utilizan en feng shui. Su potente energía no sólo aporta sus grandes propiedades de limpieza sino también la capacidad para atraer la riqueza. Si bien es conocido que la sal natural es un eficaz limpiador de chi negativo –lo cual explica su gran poder purificador de muebles viejos y revitalizador de antigüedades (*véase el Consejo 31*)– sus poderes de atracción son menos conocidos.

La sal marina natural tiene unas propiedades fuertes y muy interesantes.

De acuerdo con los taoístas, colocar unos cuantos granos de sal marina dentro de una pequeña bolsa en la cartera atrae el dinero hacia ella.

Un consejo muy útil para aquellos que les guste jugar a las cartas en el casino, o al póquer con amigos, es llevar una cartera llena a rebosar de dinero y colocar un poco de sal dentro. Esto garantiza que el dinero no abandonará vuestra cartera. Hay que resaltar que la sal marina desaparece y se disuelve con el transcurso del tiempo, de manera que tendremos que rellenar la bolsita o la cartera de forma periódica.

160 Rociad con agua una planta situada al sudeste para atraer una nueva fuente de ingresos

A los chinos les gustan mucho los brotes de las plantas. No sólo las plantas nuevas significan la energía de la primavera y un comienzo favorable, sino que sirven como presagio de buena fortuna. El ángulo sudeste de nuestra casa es el ángulo de la riqueza y el lugar de la energía de la madera. Al colocar plantas con brotes en esa zona simulamos la presencia favorable del Sheng Chi. De acuerdo con las Ocho Mansiones feng shui, el Sheng Chi es la clase más importante de chi. El Sheng Chi es energía chi de crecimiento, y difunde una energía yang que se expande y que resulta vital para la suerte feng shui general.

Transmitir energía de riqueza a nuestra casa

El feng shui es especialmente provechoso para todos aquellos que deseen crear múltiples fuentes de riqueza. Si bien existen varias prácticas de feng shui para crear energía de riqueza en el hogar, la presencia constante de plantas que crezcan bien en la zona sudeste es una de las más eficaces. Si ahí no existe crecimiento, la energía de riqueza disminuirá progresivamente.

Cada planta nueva que brote y crezca en un ángulo sudeste creará una nueva fuente de ingresos para nosotros o para algún miembro de nuestra familia.

Colocad una joya roja en los ángulos de tierra para obtener riqueza 161

Las joyas que propician la realización de los deseos traen buena suerte cuando están colocadas en los ángulos de tierra al suroeste, nordeste y centro de nuestra casa. Deben estar a la vista sobre mesas y cómodas, iluminadas con una luz potente para conseguir un mejor efecto.

Superar los obstáculos a la prosperidad

Para disolver la energía hostil, debemos elegir una joya roja que sirva para la realización de los deseos. La envolvemos en un paño rojo o amarillo y la enterramos en la parte suroeste o nordeste del jardín. Si vivimos en un piso y no tenemos jardín, otra alternativa es colocar la joya roja sobre un plato pequeño de cristal en el ángulo suroeste o nordeste. Si percibimos que existen obstáculos a nuestra suerte de prosperidad, este ritual nos ayudará a superarlos.

También podemos utilizar joyas que sirven para la realización de los deseos, para aumentar la energía de tierra en el ángulo de nuestra casa que sea más favorable durante el año siguiente. En 2007, resulta beneficioso colocar una joya roja en el ángulo suroeste. En 2008, el ángulo este es el más afortunado y una joya azul aumentará su energía. En 2009 será muy favorable el ángulo sudeste, que se activa mejor con una joya azul.

El chi de tierra fija y aumenta la estabilidad económica en nuestro hogar, por lo que conviene realizar estos sencillos rituales.

Las joyas de cristal o vidrio que sirven para conseguir la realización de los deseos son una manera fácil de mejorar la buena suerte.

Exhibid un mono encima de un caballo para conseguir un ascenso 162

El hecho de mostrar el símbolo favorable de un mono situado encima de un caballo es una de las maneras más fáciles y eficaces de reactivar la suerte profesional. Si hemos estado esperando un ascenso que no se ha materializado debemos adquirir el símbolo del mono cabalgando sobre un caballo. Es muy eficaz sobre todo para mejorar la promoción de los profesionales jóvenes. Debemos colocar el símbolo, bien en el lugar del caballo (el sur) o en el lugar del mono (el suroeste). Si es posible, la figura debe mirar hacia la puerta.

Otros símbolos de animales favorables

Si sois directores que estáis esperando ser ascendidos, tendréis que colocar la figura de un mono sentado encima de un elefante, que simboliza una oficina de mayor nivel. Los elefantes tienen numerosos significados favorables, y por este motivo son reverenciados en muchas culturas asiáticas.

Al exhibir una figura de un mono sobre un elefante se sugiere que os convertiréis en un líder con muchos partidarios. Este símbolo es muy eficaz en el caso de los políticos.

Utilizar los cuatro amigos

El simbolismo budista de los cuatro amigos es muy favorable. Representa un conejo y un pájaro sentados encima de un mono que está cabalgando sobre un caballo. El pájaro vuela, el conejo corre, el mono salta

La energía del metal actúa con mayor rapidez y eficacia, por lo que conviene buscar un símbolo de latón.

entre los árboles y el elefante utiliza su fuerza y su tamaño para ayudarnos. De esta manera, nos ayudan simbólicamente a alcanzar nuestros objetivos.

163 Construid un acuario lleno de peces pequeños para lograr el éxito profesional

Es posible beneficiarse del chi positivo que producen los peces al nadar, independientemente del tamaño que tenga la habitación. Los lados curvos de las peceras grandes y los pequeños pececillos dorados indican una senda constante y uniforme hacia el bienestar y la prosperidad.

Para fomentar la suerte profesional, hay que activar el ángulo norte de nuestra casa. En primer lugar, tenemos que localizar el ángulo norte de una habitación en la que pasemos mucho tiempo, y después colocar un acuario en ella. El movimiento enérgico de los peces pequeños al nadar proporciona una fuente constante de energía yang. Si nuestro acuario es lo bastante grande, podemos potenciar la energía chi favorable colocando peces en un número múltiplo de nueve.

Tener peces sanos fomenta la energía chi favorable

Los acuarios son excelentes activadores feng shui, siempre que estén bien cuidados. Debemos mantener el acuario bien aireado para que el agua no se quede estancada y los peces tengan un gran suministro de oxígeno. Si los peces empiezan a morirse es que la calidad del agua probablemente no es lo bastante buena. Sin embargo, si uno o dos mueren sin razón aparente, es posible que hayan absorbido nuestra mala suerte.

Reactivad la vida amorosa con suerte de la flor del ciruelo 164

Crear la suerte de la flor del ciruelo es una manera eficaz de atraer oportunidades de matrimonio. Colocar uno o más símbolos del amor –una pareja de aves, el signo de la doble felicidad, el dragón y el fénix– en el ángulo suroeste de nuestra casa es todo lo que necesitamos para activar la suerte de la flor del ciruelo.

Encontrar a la pareja adecuada

La suerte de la flor del ciruelo puede actuar a favor o en contra de nosotros. En el mejor de los casos, la persona a la que atraeremos será alguien con buen carácter y leal que nos hará felices el resto de nuestra vida. Sin embargo, debemos tener cuidado de no atraer a la persona opuesta, alguien que no sea adecuado para nosotros, y que nos causará tristeza y problemas. No es suficiente con crear la energía propicia para el matrimonio, sino que debemos dar los pasos adecuados para atraer a un buen compañero. Para ello, debemos incorporar la suerte de la flor del ciruelo.

Activar la suerte de la flor del melocotón

Para obtener la suerte de la flor del melocotón primero debemos identificar nuestro animal personal de resina (o flor del melocotón). Será el caballo, el gallo, el conejo o la rata. En feng shui, sólo estos cuatro animales de los signos cardinales se cuentan como animales de resina. Hay que colocar un símbolo de nuestro animal de resina en un lugar destacado de la parte de la casa que le corresponda (la rata se sitúa al norte, el caballo al sur, el conejo al este y el gallo al oeste).

En segundo lugar, identificaremos la localización de la flor del melocotón para el presente año o para el próximo. En 2007 estará al oeste, de modo que tenemos que activar este aspecto con un símbolo que represente a nuestro animal de resina. A menos que el nuestro sea el gallo, tendremos que encontrar más de un símbolo para los dos lugares favorables de nuestra casa.

La suerte de la flor del ciruelo reactiva nuestra vida amorosa con nuevas oportunidades. Sin embargo, debemos tener cuidado, pues las parejas que atrae pueden ser buenas o malas para nosotros.

CONSEJOS SOBRE ENERGÍA

Nuestro animal de resina

El animal de resina está gobernado por el signo del Zodíaco chino. Si nacimos en el año del gallo, la serpiente o el buey, nuestro animal es el caballo; para los del año del dragón, la rata o el mono es el gallo, para los del año del conejo, la oveja o el jabalí es la rata; y para los del año del tigre, el caballo o el perro es el conejo.

165 Los gallos dorados al oeste originan amor y fuerza

El gallo dorado es el animal de resina de los nacidos en los años del dragón, la rata y el mono. La gente que ha nacido bajo estos signos es muy activa –los grandes competidores del Zodíaco chino–. Estas personas positivas y decididas no suelen necesitar mucha ayuda en los temas del amor y el matrimonio. El dragón es seguro de sí mismo y testarudo, la rata, oportunista y ambiciosa, mientras que el mono es inteligente y creativo. Sin embargo, si el amor os ha dejado de lado, a pesar del prometedor Zodíaco chino, debéis acudir al aliado secreto del dragón (el gallo o gallo joven).

Elegir un gallo de la suerte

Debemos buscar una figura de gallo con el aspecto distinguido que mejor represente la clase de persona que estamos buscando. Si queremos una pareja con buen carácter y con éxito, conviene elegir una figura de gallo que emita vibraciones positivas.

Existen numerosas versiones del orgulloso gallo, pero la mejor de todas es el dorado. También hay imágenes bordadas y cubiertas de joyas que realmente tienen un aspecto muy rico. Conviene asegurarse de adquirir el gallo que sea nuestro animal flor de melocotón en una tienda limpia y ordenada. No lo compréis en un puesto callejero, ni tampoco a alguien que os disguste. El gallo que elijamos debe haber estado rodeado de energía favorable en todo momento. Cuando lo llevemos a nuestra casa, debemos colocarlo sobre un estante elevado en el ángulo oeste de nuestra casa. Dado que el oeste es también el lugar de ubicación de la suerte de la flor del melocotón para 2007, la energía del gallo es especialmente intensa y potente durante ese año.

Para encontrar la pareja ideal, hay que elegir un gallo dorado que desprenda energía positiva.

166 Las ratas enjoyadas colocadas al norte atraen el amor y la fuerza

Una rata enjoyada con una expresión alegre atraerá el éxito a nuestra vida amorosa.

La rata atrae la riqueza y la prosperidad de forma continuada, y es el animal de resina de los nacidos bajo los signos del conejo, la oveja y el jabalí. Este trío de signos son los diplomáticos del Zodíaco chino. Son personas sentimentales, sensibles a los sentimientos de los demás, que se preocupan y que desean agradar. Si habéis nacido bajo algluno de estos signos, y queréis estabilizar vuestra vida con una buena pareja, debéis activar vuestra suerte en el amor colocando la figura de una rata en la parte norte de vuestra casa. Para conseguir mejores resultados, conviene buscar una rata enjoyada y comprarla en una tienda que os dé buenas vibraciones.

Los conejos enjoyados situados al este atraen el romance y el matrimonio 167

El conejo es el animal de resina de aquellos nacidos en los años del tigre, el caballo y el perro. Puesto que el conejo es el amigo secreto del perro, este animal de resina actúa de una manera muy potente para los nacidos en el año del perro.

Las personas nacidas dentro de la terna del tigre, el caballo y el perro, poseen una independencia de espíritu que los distinguen de los demás en el Zodíaco chino. No resultan fáciles de atrapar en las redes del matrimonio y pueden darse cuenta, de repente, de que les han pasado cerca oportunidades de matrimonio. Son personas muy emocionales, con elevados principios, y también impetuosas e inquietas. El tigre ruge y es impaciente. El caballo corre galopando de forma rápida y atro-

pellada, mientras que el dócil perro constituye la presencia más tranquila dentro del trío. Su animal de resina es el conejo, cuyo primer instinto es correr lo más rápido posible.

Encontrar un bonito conejo

Debemos buscar un conejo enjoyado; uno sentado sobre un lecho de monedas atraerá la buena fortuna. Hay que comprar esta figura a un vendedor excepcionalmente agradable en una tienda bonita y acogedora. Hay que dejar que el conejo llegue hasta nosotros en unas circunstancias muy agradables, y después colocarlo alto, en el ángulo este del dormitorio.

Un conejo blanco enjoyado es muy favorable.

Los caballos de cristal colocados al sur inspiran afecto y reconocimiento 168

El caballo independiente, inquieto y libre de espíritu es el animal de resina de los nacidos en los años del gallo, la serpiente y el buey. Es el trío de intelectuales del Zodíaco chino, y pertenecen a estos signos los pensadores y visionarios que también son pragmáticos. Los tres signos son conocidos por su aplomo y confianza, su carácter decidido y unas magníficas cualidades que hacen que sean muy exigentes cuando se trata de consolidarse con una pareja.

Buscar un caballo noble

Buscad un caballo de cristal que esté quieto, y colocad esta figura a la vista en un ángulo que esté al sur. Con este método para atraer a una pareja encontraréis a alguien que os dé la alegría del afecto y el reconocimiento. El caballo es una criatura noble que, en 2007, también lleva consigo la suerte del noble.

Es mejor no elegir la figura de un caballo corriendo, pues el gallo, la serpiente y el buey no pueden adelantar al caballo.

Índice

Créditos de las fotografías